시인에게 길을 묻다

시인에게

조용호
문학기행

길을 묻다

섬앤섬
somensum

차례

펴내는 말 / 돌아보니 꿈결 같다, 언제 다시 길을 나설까　06

최영철 / 나무를 쓰다듬고 간 여인　160
문인수 / 슬픔 속에 보던 낮달　148
최승호 / 죽음으로부터의 자유를 갈망하다　
박형준 / 아득한 지평을 향한 생生　130
나희덕 / 소멸을 향해 가는 시간의 발소리　118
이기철 / 따뜻한 평화平和가 있는 곳　106
장석남 / 그토록 많던 그리움의 모서리　92
송수권 / 서럽고 서늘한 남도의 산조　80
이생진 / 소주 빛깔보다 더 파란 외로움　66
송찬호 / 쓰린 삶을 나스려 피워낸 꽃　48
안도현 / 가슴 속으로 흐르는 강　36
황지우 / 새 울음 그치지 않는 마음의 공간　24
　　　　　　　　　　　　　　　　　　08

이성복 / 영원한 시인 312

김선우 / 혁명을 꿈꾸던 청춘 298

안현미 / 아픈 계절, 아픈 시詩 286

김사인 / 시대에 쫓긴 자의 애달픈 노래 272

강정 / 세상과 불화 중인 낯선 짐승의 눈빛 260

이문재 / 젖은 눈 떨어지던 눈물 밭 248

조정권 / 초월의 산정을 탐하다 232

문정희 / 시詩라는 운명 220

이정록 / 어머니와 아들의 합작 명품 시 208

김명인 / 삶의 허기로 긋는 성호聖號 196

김영남 / 오래도록 추억될 황홀한 여로 184

조용미 / 아름다움은 슬픔의 영역 172

펴내는 말

돌아보니 꿈결 같다,
언제 다시 길을 나설까

돌아보니 꿈결 같다. 그런 시절이 다시 오려나 싶다. 지금은 갇혀 있는 계절. 초기에는 창살 너머 세상을 보려고 끊임없이 뒤꿈치를 들었지만, 이제 그마저 포기해버렸다. 갇혀 있다 보니, 마음도 갇힌다. 머릿속이 깜깜하다. 이 캄캄한 기억의 지층 위로 그때 만났던 시와 시인들이 음표처럼 떠오른다. 사실 시인들을 만나는 것보다 그들의 시를 읽는 일이 더 느꺼웠다. 더 정확하게 말하자면, 그 시의 공간에서 시인을 만난 후 돌아와 다시 시를 읽을 때, 숨이 차고 가슴이 먹먹해질 때가 많았으며 자주 전율이 일었다.

2009년 2월부터 이듬해 3월까지, 만 1년 동안 시인과 함께 시의 현장을 다녔고 그 감상을 세계일보에 격주로 연재했다. 매번 1박 2일 동안 시인과 동행하면서 나눈 많은 이야기들은 그들의 시를 이해하는 데 훌륭한 촉매 역할을 했다. 시인이 처음 털어놓는 이야기들도 많았다. 안현미 시인은 태백에 가서 그의 생모를 만났고, 아픈 시절의 아픈 이야기들을 죄 진술해버렸다. 동네 카페에서 늦은 밤 허허롭게 많은 이야기를 털어놓은 최승호 시인의 말을 다 옮길 수는 없었다. 안도현 시인은 자신과 아내가 공동 발행한 타블로이드판 가족신문 1면에 그의 모친 임홍교 여사를 고발했다. 그 고발 행위의 전말은 본문에 고스란히 나온다.

아슬아슬한 순간들도 있었다. 정읍에 동행한 박형준 시인은 발을 헛디디며 구급차 신세를 졌고, 깁스한 팔목을 붙들고 여관방에서 술잔을 받았다. 장석남 시인은 악동이다. 그는 비 내리는 덕적도에서 해당화 귀에 꽂고 해변을 달렸다. 오동나무 민박집 솥단지 하나는 그날 새카맣게 타버렸고 쇠를 달구는 냄새가 덕적도를 덮었다. 이 모든 과정에 김영남 시인이 있었다. 사실 그가 아니었으면 이 기행은 소박한 에세이 정도에 머물렀을 것이다. 그의 부지런함과 성화로 인해 일일이 시인에게 연락해 함께 떠나거나 현장에서 만날 수 있었다.

한희덕 형의 집요한 노력이 없었다면 이 원고들은 그냥 묻혀버렸을 것이다. 이 책에 실린 글들이 읽을 만 하다면 그건 순전히 시인들의 고감도 감성에 편승한 덕분이다. 이 시대 빛나는 시인들의 새로운 면모와 그 깊이를 이해하는 데 이 기행이 조금이라도 기여했으면 좋겠다. 동행한 시인들께 깊이 감사드린다. 언제 다시 길을 나설까.

2011년 늦은 가을

조용호

새 울음 그치지 않는 마음의 공간

/

황지우 〈연혁沿革〉

> "저희는 우기雨期의 처마 밑을 바라볼 뿐
> 가난은 저희의 어떤 관례와도 같았습니다."

해무 속에 빛나는 것

멀리 섬들이 봉분처럼 떠 있다. 근경近景에는 허리를 구부린 노파 세 명이 초록의 마늘밭을 부유한다. 바다와 늙은 여인들 사이로, 무덤들이, 뻘밭의 갈대를 울타리 삼아 해변에 누워 있다. 머지않아 먼 길 떠날 이들과 이미 죽은 자들의 집 너머로, 섬과 섬 사이에, 살아가야 할 자들의 생업을 부표로 띄워놓은 청태 밭이 희미하게 보인다. 죽음과 노동과 생업이 아침 해무 속에 부옇게 빛난다.

운이 좋았다, 이 사진을 건진 건. 운도 노력의 결과라는 말을 이쯤에서는 인정할 수 있겠다 싶다. 미황사에서 일행이 아직 자고 있을 때 해남의 아침 바다가 궁금하여 달마산을 내려와 어란을 향해 달렸다. 황지우 시인의 데뷔작 〈연혁沿革〉을 붙들고 내려온 첫 여정인데, 전날, 천 리 넘는 길을 단내를 삼키며 쉬지 않고 달려와 놓고도 제대로 사진을 찍지 못해 아쉬운 터였다. 어란 못 미쳐 구부러진 해안 길을 달리다가 해변에 누워 있는 무덤들을 발견하고 급하게 차를 세워 비상등을 켰다. 봉분들은 마늘밭 끄트머리 해변에 나란히 누워서 멀리 떠 있는 섬처럼, 살아 있는 자들의 영토인 양, 행세하고 있었다.

"삭망朔望 바람이 불어왔습니다. 그러나 바람 속은 저의 사후死後처럼 더 이상 바람 소리가 나지 않고 목선木船들이 빈 채로 돌아왔습니다. 해초 냄새를 피하여 새들이 저의 무릎에서 뭍으로 날아갔습니다. 물가 사람들은 머리띠의 흰 천을 따라 내지內地로 가고 여인들은 환생還生을 위해 저 우기雨期의 청태靑苔 밭 넘어 재배삼배再拜三拜 흰 떡을 던졌습니다. 저는 괴로워하는 바다의 내심內心으로 내려가 땅에 붙어 괴로워하는 모든 물풀들을 뜯어 올렸습니다."〈연혁〉 부분

'내지'의 황폐는 여전했던 시절

고향을 태어난 장소로만 일컫는 건 사무적 편의일 뿐이다. 유년기의 뇌파에 새겨진 햇빛과 바람과 소리와 빛깔, 그것들이 총체적으로 그려 놓은 무의식의 밑그림이야말로 제대로 말할 수 있는 고향이다. 황지우 시인이 태어난 곳은 전남 해남의 배다리마을이라는, 섬이 아닌 내지이지만, 그의 작품들을 관통하는 고향의 원형은 완도군 고마도 앞바다에 떠 있는 작은 무인도 '솔섬'이라는 곳이다. 네 살 때 해남을 떠나 광주로 갔는데, 선대가 대대로 뿌리내려 살아온 곳은 고마도였고, 명절 때면 아버지 손에 이끌려 솔섬 앞바다에 내려오곤 했다. 그리하여 1980년 중앙일보 신춘문예 데뷔작 〈연혁〉에는 솔섬이 오롯이 주인

공으로 등장했다.

〈연혁〉은 이후 황지우가 보여준 다양한 실험적인 시들에 비하면 그나마 순한 서정시에 속한다. 내지와 섬, 가난과 결핍, 이승과 저승, 죽음과 재생의 이미지가 다분히 주술적인 분위기로 펼쳐지는 이 시를 쓸 무렵만 해도 아직 광주항쟁의 참극은 일어나기 전이지만, 그래도 유신 말기의 어수선한 '내지'의 황폐는 여전했던 시절이었다. 솔섬은 가난과 결핍과 죽음의 이미지가 그득하긴 해도 그나마

연기가 피어오르는 내지보다는 상대적으로 안온한 공간이었다.

전날 미황사에서 누군가 어란 앞바다에도 솔섬이 떠 있다고 귀 띔해주었다. 솔섬은 섬들이 즐비하게 떠 있는 다도해 해남 해안에만도 두어 개나 존재하는, 고유명사가 아닌, 솔이 자라는 무인도의 보통명사인 모양이다.

미황사는 해남군 송지면 달마산 중턱에 있다. 지금은 남도 제일의 템플스테이 명소로 각광받고 있지만, 불과 십여 년 전만 해도 대웅전과 세심당洗心堂, 요사채, 그리고 초라한 공양간 한 채를 거느린 단출한 절이었다. 지난밤 그 시절에 만나 인연을 이어온 금강 스님과 회포를 풀고 뜨거운 구들장에서 단잠을 잤다. 미황사 대웅전에서 바다를 내려다보면 다도해의 섬들은 짐승의 어린 새끼들처럼 서로 머리를 맞대고 두런거리는 모양새다. 해무 사이로 슬쩍 모습을 드러낼 때도 그런대로 신비롭긴 하지만, 맑은 날 석양녘이나 아침에 해가 뜰 때 남만南蠻의 이 새끼 짐승들은 황홀하다. 솔섬도 그 무리 중의 하나일 것이다.

"모든 근경近景에서 이름 없이 섬들이 멀어지고 늦게 떠난 목선木船들이 그 사이에 오락가락했습니다. 저는 바다로 가는 대신 뒤란 장독의 작게 부서지는 파도 소리를 들었습니다. 빈 항아리마다 저의 아버님이 떠나신 솔섬 새 울음이 그치질 않았습니다. 물 건너 어느 계곡이 깊어 가는지 차라리 귀를 마으면 남민南灣의 밀어셔가는 섬들이 세차게 울고 울고 하였습니다." 〈연혁〉부분

대중에게 각인된 황지우의 출세작은 첫 시집의 표제작 〈새들도 세상을 뜨는구나〉일 것이다. 그 새들이 데뷔작의 솔섬에서부터 등장하고 있다. 솔섬에서 울어대던 그 새들은 "일열 이열 삼열 횡대로 자기들의 세상을/ 이 세상에서 떼어 메고/이 세상 밖 어디론가" 날아갔다.

어란 가는 아침 길은 더디었다. 가다 서기를 자주 반복해야 할 만큼 어란 해변은 아름다웠다. 이른 봄의 연초록 마늘밭과 듬성듬성

서 있는 밭가의 나무들을 배경으로 바다가 처처에서 그림이었다. 정작 어란은 포구의 이름이 풍기는 서정적인 이미지와는 별개로 그저 그런 평범한 풍경이었다. 그 진부한 풍경 속에 해우 밭에서 거두어 온 김가루를 가득 채운 배들이 보였다. 흡사 석탄을 실은 것처럼, 조만간 김 가공공장으로 옮겨질 검은 가루가 화물칸에 그득했다. 사내와 아낙이 새벽부터 고단했던 노동을 마무리하며 뱃전에서 김이 오르는 해장국을 맛나게 들이키는 중이었다.

미황사 아침 공양 시간은 이미 놓쳤고, 한적한 포구 주변에 문을 연 식당은 아직 보이지 않는다. 숙취에 허기까지 밀려들어 속이 쓰렸다. 포기했는데…… 문자가 날아들었다, 공양간을 아직 열어놓았으니 빨리 돌아오라고. 황지우는 "이 세상에서 한 사람이 다른 한 사람에게/ 사랑한다고 한 말은/ 아무리 하기 힘든 작은 소리라 할지라도/ 화산암 속에서든 얼음 속에서든/ 하얀 김처럼 남아 있으리라"〈재앙스런 사랑〉고 했는데, 그날 아침에는 그 문자가 나에게 '사랑'이었다.

"섣달 스무 아흐레 어머니는 시루떡을 던져 앞바다의 흩어진 물결들을 달래었습니다. 이튿날 내내 청태靑苔 밭 가득히 찬비가 몰려왔습니다. 저희는 우기雨期의 처마 밑을 바라볼 뿐 가난은 저희의 어떤 관례와도 같았습니다. 만조滿潮를 이룬 저의 가슴이 무장무장 숨가빠하면서 무명옷이 젖은 저희 일가一家의 심한 살냄새를 맡았습니다. 빠른 물살들이 토방문土房門을 빠져나가는 소리를 들으며 저

희는 낮은 연안沿岸에 남아 있었습니다."〈연혁〉부분

가난과 남루는 시적인 소재이기는 할망정 막상 그 한가운데 있으면 고문보다 고통스러운 처참이다. '무명옷이 젖은 저희 일가의 심한 살냄새'를 맡는 가난을 떨치기 위해 시인의 가족은 기댈 곳 하나 없는 광주로 솔가했고, 다시 시인은 서울로 올라와 대학까지 다녔지만 가문의 '전통'에서 자유로울 수 없었다. 일제 강점기 투옥됐던 부친을 반드시 본받으려 했던 건 아니지만 유신시절 학내 시위에 참가했다가 강제징집됐던 황지우는, 1980년 광주항쟁 때 장형인 황승우에게서 전화 한 통을 받았다.

"광주는 쑥밭이 되었고 지금도 금남로 상공에 검은 연기가 치솟고 있다는 것, 광우와 나는 절대로 광주에 와서는 안 된다는 것, 그런 내용이었다. 그러나 그런 이기적인 형제애를 큰형님 자신부터 배신했다. 그는 매일 시내에 나갔고 도청 앞에 모인 외신 기자들에게 마치 통역 장교 경력이 그때를 위해 있었거나 한 것처럼 물 흐르는 듯한 본토 영어로 광주 상황의 정당성과 긴급성에 대해 간증했다. 나는 유인물을 만들어 종로에 뿌렸고 청량리 지하철에서 체포되어 합수부에 끌려갔다."〈스님, 어떻게 영어를 그렇게 잘하십니까?〉에서

그렇게 합수부에 끌려가 '김대중내란음모사건'에 엮였고, 서울대 대학원에서 제적되어 나중에 서강대에서 학업을 마쳤다. 그의 회고에 등장하는 동생 광우는 고등학생 때 유신 독재에 항거하는 시위를 계획해 제적당했다가 검정고시를 거쳐 서울대 경제학과에

들어간 뒤 후일 노동운동가로 변신했고, 장형 승우는 스님이 되었으니 시인과 운동가와 승려가 공존하는 이 집안의 '전통'은 가위 화려하다.

승려·시인·노동운동가 삼형제

"어머니는 저를 붙들었고 내지內地에는 다시 연기가 피어올랐습니다. 그럴수록 근시近視의 겨울 바다는 눈부신 저의 눈시울에서 여위어갔습니다. 아버님이 끌려가신 날도 나루터 물결이 저렇듯 잠잠했습니다. 물가에 서면 가끔 지친 물새 떼가 저의 어지러운 무릎까지 밀려오기도 했습니다./ 저는 어느 외딴 물나라에서 흘러들어온 흰 상여 꽃을 보는 듯 했습니다. 꽃 속이 너무나 환하여 저는 빨리 잠들고 싶었습니다. 언뜻언뜻 어머니가 잠든 태몽胎夢 중에 아버님이 드나드시는 것이 보였고 저는 석화石花 밭을 넘어가 인광燐光의 밤바다에 몰래 그물을 넣었습니다. 아버님을 태운 상여 꽃이 끝없이 끝없이 새벽물을 건너가고 있습니다."〈연혁〉부분

염치없는 아침공양을 늦게 마치고, 금강 스님과 차를 마셨다. 스님은 내려오기 전 발설한 나의 용무를 꼼꼼히 새겨두었던 모양이다. 절 아래 동네의 젊은 청년들을 통해 '솔섬'의 위치를 취재해 친절하게 가르쳐주었다. 시인의 큰형이 솔섬이 보이는 바닷가에 '성불암'이라는 절을 지어놓고 산다고 했다. 정작 시인은 떠나오기 전에

도, 해남에서도, 전화를 받지 않았다.

해남군 북일면 갈두리 해변의 '성불암'은 마당의 탑이나 집에 새겨진 卍자만 아니라면, 펜션 같은 건물이었다. 성불암 앞에 시인의 조상이 대대로 살아온 고마도가 있고, 그 옆에 솔섬이 떠 있다. 신도도 거의 없지만 찾아오는 중생 구제에도 별로 신경을 쓰지 않는다는 이 절의 혜당慧幢 스님은 출타 중이었고, 관리인 오영순 보살이 대신 손님을 반갑게 맞았다. 보살은, "미리 연락했더라면 밥을 지어 놓았을 텐데 미안하다"고 했다.

미황사 동백은 아직 한두 송이밖에 벙글지 않았는데 이 성불암 곁 동백은 모든 봉오리를, 짙붉게, 활짝 열어 제치고 있었다. 6·25 때 총알이 아깝다고 그물에 들씌워져 수장당한 이들의 고혼을 위로하기 위해 그 앞바다에 혜당 스님이 절을 세웠다고 누군가 말했는데, 그의 동생인 황지우 시인은 그냥 고향 인근에서 조용히 살고 싶었을 뿐인 것이라고 나중에 짐짓, 수정해주었다.

"내륙內陸에 어느 나라가 망하고 그 대신 자욱한 앞바다에 때 아닌 배추꽃들이 떠올랐습니다. 먼 훗날 제가 그물을 내린 자궁子宮에서 인광燐光의 항아리를 건져올 사람은 누구일까요."〈연혁〉부분

연혁^{沿革}

섣달 스무아흐레 어머니는 시루떡을 던져 앞 바다의 흩어진 물결들을 달래었습니다. 이튿날 내내 청태^{靑苔} 밭 가득히 찬비가 몰려왔습니다. 저희는 우기^{雨期}의 처마 밑을 바라볼 뿐 가난은 저희의 어떤 관례와도 같았습니다. 만조^{滿潮}를 이룬 저의 가슴이 무장무장 숨가빠하면서 무명옷이 젖은 저희 일가^家의 심한 살냄새를 맡았습니다. 빠른 물살들이 토방문^{土房門}을 빠져나가는 소리를 들으며 저희는 낮은 연안^{沿岸}에 남아 있었습니다.

모든 근경^{近景}에서 이름 없이 섬들이 멀어지고 늦게 떠난 목선^{木船}들이 그 사이에 오락가락했습니다. 저는 바다로 가는 대신 뒤란 장독의 잘게 부서지는 파도 소리를 들었습니다. 빈 항아리마다 저의 아버님이 떠나신 솔섬 새울음이 그치질 않았습니다. 물 건너 어느 계곡이 깊어 가는지 차라리 귀를 막으면 남만^{南灣}의 멀어져 가는 섬들이 세차게 울고울고 하였습니다.

어머니는 저를 붙들었고 내지^{內地}에는 다시 연기가 피어올랐습니다. 그럴수록 근시^{近視}의 겨울 바다는 눈부신 저의 눈시울에서 여위어 갔습니다. 아버님이 끌려가신 날도 나루터 물결이 저렇듯 잠잠했습니다. 물가에 서면 가끔 지친 물새 떼가 저의 어지러운 무릎까지 밀려오기도 했습니다. 저는 어느 외딴 물나라에서 흘러들어온 흰 상여 꽃을 보는 듯했습니다. 꽃 속이 너무나 환하여 저는 빨리 잠들고 싶었습니다. 언뜻언뜻 어머니가 잠든 태몽胎夢 중에 아버님이 드나드시는 것이 보였고 저는 석화石花밭을 넘어가 인광燐光의 밤바다에 몰래 그물을 넣었습니다. 아버님을 태운 상여 꽃이 끝없이 끝없이 새벽물을 건너가고 있습니다.

삭망朔望 바람이 불어왔습니다. 그러나 바람 속은 저의 사후死後처럼 더 이상 바람 소리가 나지 않고 목선木船들이 빈 채로 돌아왔습니다. 해초 냄새를 피하여 새들이 저의 무릎에서 뭍으로 날아갔습니다. 물가 사람들은 머리띠의 흰 천을 따라 내지內地로 가고 여인들은 환생還生을 위해 저 우기雨期의 청태靑苔 밭 넘어 재배삼배再拜三拜 흰떡을 던졌습니다. 저는 괴로워하는 바다의 내심內心으로 내려가 땅에 붙어 괴로워하는 모든 물풀들을 뜯어 올렸습니다.

내륙內陸에 어느 나라가 망하고 그 대신 자욱한 앞바다에 때 아닌 배추꽃들이 떠올랐습니다. 먼 훗날 제가 그물을 내린 자궁子宮에서 인광燐光의 항아리를 건져올 사람은 누구일까요.

황지우

1952년 전남 해남에서 출생하여 서울대학교 미학과, 서강대학교 대학원 철학과를 졸업했다. 1980년 〈연혁〉으로 중앙일보 신춘문예에 당선되었다. 1983년 김수영문학상, 1991년 현대문학상, 1993년 소설시문학상, 1999년 백석문학상을 수상했으며, 2006년 옥관 문화예술훈장을 받았다. 시집으로 ≪새들도 세상을 뜨는구나≫ ≪겨울 나무로부터 봄 나무에로≫ ≪게 눈 속의 연꽃≫ ≪저물면서 빛나는 바다≫ ≪어느 날 나는 흐린 주점에 앉아 있을 거다≫가 있으며, 한국예술종합학교 총장을 지냈다.

가슴 속으로 흐르는 강

/

안도현〈낙동강〉

그 맑은 마지막 물빛으로 남아 타오르고 싶었다

서러움을 이기기 위해

〈낙동강〉에 등장하는 안도현 시인의 아버지 안오성(1934~1981)은, 후일 유명한 시인이 된 큰아들이 스물한 살이었을 때 마흔여덟 살 나이로 일찍 돌아가셨다. 시인의 어머니 임홍교(1939~) 여사가 우리 나이로 마흔세 살 때였고, 장남인 시인 밑으로 세 명의 동생이 초중고에 다니던, 참, 갑갑한 시절이었다.

"어머님께. 날씨가 무척 추워졌습니다. 아버지께서 세상을 등지신 지도 벌써 다섯 달이 다 되어가나 봅니다. …… 엄마, 아버지가 돌아가신 것은 우리를 위한 채찍질이라고 생각을 합니다. 이따금 술이라도 한 잔씩 마시면 아버지 생각으로 눈시울이 뜨거워질 때가 있습니다. …… 우리라도 이 서러움을 이기기 위해 열심히 살아가야 할 것 같습니다. 이곳에는 언제쯤 내려오실 생각인지요……. 1981년 12월 22일 도현 올림."

임홍교 여사 칠순 기념으로 안도현 시인 부부가 펴낸 타블로이드 판 《安氏年代記》에 따르면, 큰아들이 보낸 이 편지를 어머니는 수없이 읽고 또 읽었고, 읽을 때마다 흘린 눈물은 강을 이루었고, 어머니는 서랍에 이 편지를 오랫동안 보물처럼 간직해 왔다. 안도현은 아버지가 돌아가시던 해, 고향 땅 경상도 예천을 떠나 전라도에서 대학을 다니고 있었다.

안도현은 잘 알려져 있다시피 대구에서 고등학교에 다니던 시절, 또래들이 참여하는 문예 백일장을 모두 휩쓸던, 알 만한 사람은 모두 아는 '스타'였다. 그는 자신의 문학 실력만으로도 서울의 대학에 특기생으로 당연히 진학하리라고 생각했지만, 뜻밖의 암초에 걸려 지방의 문학 명문, 전라북도 익산(이리)에 소재한 원광대 국문과에 문예장학생으로 진학하게 된 거였다. 그런 운명이 아니었다면, 경상도 낙동강과 전라도 만경강이 어찌 만날 수 있었을까. 시인은 우선, 〈낙동강〉으로 대구매일신문 신춘문예에 1981년 당선됐다. 그는 "또래보다 일찍 고향을 떠났고 더욱이 멀리 전라도에서 살고 있을 때여서, 오히려 낙동강을 선택했던 것 같다"고 수화기 너머에서 말했다.

없는 것이 너무 많았던 아버지

안도현이 태어난 곳은 낙동강으로 흘러들 내성천이 지나가는 강변, 경북 예천 소망실이라는 마을이었다. 태어난 이듬해 부모가 예천과 경계를 이룬 안동 풍산으로 이사를 가 '풍산국민학교'를 다니다가 일찌감치 사촌들을 따라 대구로 유학을 갔다. 그의 시 '풍산국민학교'가 재미있어서 예천에 내려간 김에 안동 풍산초등학교를 둘러보았는데 시에서처럼 아직도 굵은 플라타너스가 운동장 가운데 남아 있었다.

"고 계집애 덧니 난 고 계집애랑/ 나랑 살았으면 하고 생각했었다 1학년 때부터 5학년 때까지/ 목조건물 삐걱이는 풍금소리에 감겨 자주 울던 아이들/ 장래에 대통령 되고 싶어 하던 그 아이들은/ 키가 자랄수록 젖은 나무그늘을 찾아다니며 앉아 놀았지만/ 교실 앞 해바라기들은 가을이 되면 저마다 하나씩의 태양을 품고/ 불타 올랐다 운동장 중간에 일본놈이 심어 놓고 갔다는/ 성적표만 한 낙엽들을 내뱉던 플라타너스 세 그루/ 청소시간이면 나는 자주 나뭇잎 뒷면으로 도망가 숨어 있었다" 〈풍산국민학교〉 부분

성장한 곳이 풍산이라고는 해도, 외가와 큰집이 있는 내성천변

은 시인의 유년기 정서를 형성하는 중요한 공간이다. 〈낙동강〉의 진술처럼, 시인의 아버지가 내성천 어부였던 것은 아니다. 그냥 시적인 메타포일 따름이다. '없는 것이 너무 많아서' 아버지는 그물 한 장만 주셨다고 했는데, 사실 시인의 부친은 경기도 여주에서 수박농사를 짓다가 돌아가셨다. 4형제의 장남인 도현의 어깨는 무거웠다. 그래서 그해 여름, 아버지가 밭에 남겨 놓은 수박들을 따서 트럭에 싣고 조수석에 앉아 영등포 청과물 경매시장으로 올라가기도 했다. 그때 그는 이렇게 썼다.

"타이탄 트럭 하나 가득 달을 싣고/ 아버지의 친구 張氏 아저씨를 따라 서울로 가는 길은/ 어두웠다// 장씨 아저씨는 여관에 들자 코를 골며 주무시고/ 여관방 쇠창살에 보름달이 걸려 있었다/ 영등포 청과물 시장 새벽 경매가 끝나면/ 리어카에 실려 서울 시내 골목 위로 둥그렇게 떠오를/ 그것은 아버지가 키우다 만/ 붉은 달이었다// 나는 그 달을 보며/ 너만 달이냐,/ 너만 달이냐,/ 창에 걸린 붉은 달에게/ 눈물을 훔치며 삿대질을 달에게 해대었다"〈붉은 달〉 부분

이렇게 슬픔을 옮기기만 해도 시가 되던 시절이 안도현에게도 있었다. '없는 것이 너무 많았던 아버지'가 수박 몇 통보다 더 값진 자산을 남겨준 셈이다. 내 아버지도 이런 식으로 따지자면 많은 자산을 남겨주었지만, 나는 불행하게도 시를 쓰진 못했다. 아버지가 남겨준 '그물'이 시인에게 그리 큰 도움을 주진 못한 모양이다.

그대에게 가는 길

내성천은 경북 봉화에서 발원한 낙동강의 지류다. 하루 전, 서울에서 예천까지 단숨에 내려와 내성천이 휘돌아 낙동강으로 합류하기 직전의 '회룡포'를 다녀왔는데, 말 그대로 강이 마을을 용처럼 휘감고 돌아가는 곳이었다. 어제는 날이 한참 어두웠다. 예천 읍내에 들어와 '태평추' 집을 찾다가 포기한 채 여관에 먼저 짐을 풀었는데, 정작 그 여인숙 옆에 '태평추 전문'이라는 글씨를 유리창에 붙인 '동성식당'이 보였다. 식당 주인 신말자 씨는 직접 메밀묵을 쑤어 이 자리에서 20년째 태평추를 만들어 왔다고 했다.

"어릴 적 예천 외갓집에서 겨울에만 먹던 태평추라는 음식이 있었다// 객지를 떠돌면서 나는 태평추를 잊지 않았으나 때로 식당에서 메밀묵무침 같은 게 나오면 머리로 떠올려보기는 했으나 삼십년이 넘도록 입에 대보지 못하였다// 태평추는 채로 썬 묵에다 뜨끈한 멸치국물 육수를 붓고 볶은 돼지고기와 묵은지와 김가루와 깨소금을 얹어 숟가락으로 훌훌 떠먹는 음식인데 눈 많이 오는 추운 날 점심때쯤 먹으면 더할 수 없이 맛이 좋았다// 입가에 묻은 김가루를 혀끝으로 떼어먹으며 한 번도 가보지 않은 바다며 갯내를 혼자 상상해 본 것도 그 수더분하고 매끄러운 음식을 먹을 때였다" 〈예천 태평추〉 부분

오늘 내성천변은 환하고 맑다. 시인의 둘째 동생 태현 씨가 안내하는 중이다. 그는 시인의 동생답게, '문경새재박물관' 학예연구사

로 살고 있었다. 어젯밤, 전주에 살고 있는 시인의 소개로 그의 동생을 만나 맥주잔을 기울이며 시인의 내밀한 가족사에 대해 많이 들었던 터였다. 그중 으뜸은 시인의 장남 역할이었다. 명절 때 형제들이 예천에 모이면, 그 형제들은 오랜만에 내려온 친구를 찾는 옛 친구들조차 만나지 않고 집 안에만 틀어박힌다고 했다. 형제들끼리 술 마시는 재미가 훨씬 더 좋은 것인데, 그 중심에 안도현이라는 듬직한 장남과 형이 있었다. 어머니는 술 마신다고 만날 타박하면서도, 이날을 위해 가까운 군부대 '충성마트'에 가서 싼값으로 소주와 맥주를 박스째 떼어온다고 했다.

그의 모친 임홍교 여사 칠순신문 발행인도 그가 맡았는데, 이

신문에는 가족들이 단합해 일제히 임 여사를 공격하는, 언론 본연의 소임을 다하는 비판적인 기사들이 실려 있다. 이를테면, 큰아들은 "방학을 맞아 집으로 가면 키우던 닭을 잡아 맏이인 나를 몰래 부엌으로 불러 큼지막한 닭다리를 어서 먹으라고 재촉하는" 편애를 일삼는다고 털어놓았고, 막내아들은 연애시절 만났던 처자에 대해 지금의 아내에게 알려주는 임 여사의 그 '자상함'에 대해 비판하는 식이다. 마흔세 살에 혼자 된 그 임 여사가, 아들의 시인 줄도 모르고, 먼저 간 남편을 그리워하며 아들 집 벽에 걸린 글귀를 적어 오랫동안 가방에 넣고 다녔다는 특종이, 임 여사 칠순기념신문 우측 상단에 젊은 시절 약혼사진과 함께 실렸다. 그 시는 큰아들이 1991년에 펴낸 《그대에게 가는 길》이라는 시집에 수록된 시인데, 시인 아들은 엄마에게 짐짓 볼멘소리를 한다. 어떻게 아들 시인 줄도 모를 수 있느냐고. 어쨌든, 임홍교 여사는 저 세상의 남편에게 이렇게 편지를 썼다.

"그대에게 가는 길이/ 세상에 있나 해서// 길 따라 나섰다가/ 여기까지 왔습니다// 끝없는 그리움이/ 나에게는 힘이 되어/ 내 스스로 길이 되어/ 그대에게 갑니다" 〈나그네〉 전문

시인의 동생은 낙동강으로 흘러드는 내성천을 바라보며 "이 뚝방길을 아버지 자전거 뒤에 타고 달린 적 있는데 그때 아버지는 '처녀 뱃사공'을 불렀다"고 말한다. "낙동강 강바람이 치마폭을 스치며 군인 간 오라버니 소식이 오네 큰애기 사공이면 누가 뭐라나

늙으신 부모님을 내가 모시고……"로 이어지는 그 노래. 시인의 데뷔작 〈낙동강〉이 거저 나온 게 아니라 분명 DNA의 과학인 것을, 실감하겠다. 그 시인은 전라도 익산에서 중학교 교사를 하다가 '높고 외롭고 쓸쓸한' 한 시절을 보냈고, 지금은 전주에서 살고 있는데, 그가 〈낙동강〉으로 데뷔한 뒤, 다시 3년이 흘러 동아일보 신춘문예에 전라도 〈만경강〉을 배경으로 쓴 시가 당선됐다.

시인은 "나의 20대 초반이 80년대였고, 전라도로 상징되는 역사적 상황이 안일한 서정시만 써서는 안 되겠다는 생각을 하게 만들었다"며 "내가 발 딛고 서 있는 한국의 역사적 현실이 오순도순 같이 모여 살지 못하던 내 가족의 상황과도 흡사했다"고 당시의 심정을 밝혔다. 시인으로 인하여, 낙동강과 만경강은 특정 공간과 시간을 뛰어넘어 우리네 가슴속에 하나로 흐르는 강이 되었다.

"눈 내리는 만경 들 건너가네/ 해진 짚신에 상투 하나 떠가네/ 가는 길 그리운 이 아무도 없네/ 녹두꽃 자지러지게 피면 돌아올 거나/ 울며 울지 않으며 가는/ 우리 봉준이/ 풀잎들이 북향하여 일제히 성긴 머리를 푸네" 〈서울로 가는 전봉준〉 부분

낙 동 강

저물녘 나는 낙동강에 나가
보았다, 흰 옷자락 할아버지의 뒷모습을
오래 오래 정든 하늘과 물소리도 따라가고 있었다
그 때, 강은
눈앞에만 흐르고 있는 것이 아니라 비로소
내 이마 위로도 소리 없이 흐르는 것을 알았다
그것은 어느 날의 신열身熱처럼 뜨겁게,
어둠이 강의 끝 부분을 지우면서
내가 서 있는 자리까지 번져오고 있었다
없는 것이 너무 많아서
아버지 아무 말씀도 하지 않으시고
낡은 목선을 손질하다가 어느 날
아버지는 내게 그물 한 장을 주셨다

그러나 그물을 빠져 달아난 한 뼘 미끄러운 힘으로
지느러미 흔들며 헤엄치는 은어 떼들
나는 놓치고, 내 살아온 만큼 저물어 가는
외로운 세상의 강안江岸에서

문득 피가 따뜻해지는 손을 펼치면
빈 손바닥에 살아 출렁이는 강물

아아 나는 아버지가 모랫벌에 찍어 놓은
발자국이었다, 홀로 서서 생각했을 때
내 눈물 웅얼웅얼 모두 모여 흐르는
낙동강
그 맑은 마지막 물빛으로 남아 타오르고 싶었다

안도현

1961년 경북 예천에서 출생하여 원광대 국문과를 졸업했다. 1981년 대구매일신문 신춘문예에 시 〈낙동강〉이, 1984년 동아일보 신춘문예에 〈서울로 가는 전봉준〉이 당선되어 작품 활동을 시작했다. 시집으로 《서울로 가는 전봉준》《그대에게 가고 싶다》《외롭고 높고 쓸쓸한》《그리운 여우》《바닷가 우체국》《아무것도 아닌 것에 대하여》《너에게 가려고 강을 만들었다》《간절하게 참 철없이》등이 있다. 《시와시학》젊은시인상, 소월시문학상, 노작문학상, 이수문학상, 윤동주상 등을 수상했으며, 현재 우석대학교 문예창작과 교수로 재직 중이다.

쓰린 삶을 다스려 피워낸 꽃
/
송찬호〈늙은 산벚나무〉

> **누구나 고향에서는 평등합니다. 젊었을 때는 고향이 상처를 치유하는 공간일지 모르지만, 늙어가면서는 욕망의 키를 재다가 지위 고하도 없고 모두 평등해져요.**

늙은 산벚나무

멀리 산벚나무, 신화 속에 피어난 꽃처럼 이마에 환하게 불을 밝혀놓았다. 송찬호 시인의 '늙은 산벚'은 아닌 것 같다. 멀어서 분명하게 보이진 않아도, 호리호리하고 제법 키도 큰 것이, 화사하고 젊다. 숲은 아직 초록 물이 차오르기 전이어서, 오히려 그 회색 배경 탓에 노란 산수유와 젊은 산벚이 더 돋울하다. 시인을 찾아 충북 보은에 내려와 그가 자주 찾는다는 속리산국립공원 안쪽 구병리 계곡을 향해 달리는 중이었는데, 국도변 숲에는 젊은 산벚만 홀로 도도할 뿐, 시인이 보았음직한 부끄러운 늙은 산벚은 보이지 않는다. 시인은 산을 오르다가 "중동이 썩어 꺾인 늙은 산벚나무가/ 곰 발바닥처럼 뭉툭하게 남아 있는 가지에 꽃을 피워" 내는 형상을 보고, "서로 가려운 곳 긁어주고 등 비비며 놀다 들킨 것이 부끄러운지/ 곰은 산벚나무 뒤로 숨고 산벚나무는 곰 뒤로 숨어/ 그 풍경이 산벚나무인지 곰인지 분간이 되지" 않는다고 썼다. 시인은 그 산벚처럼 숫기가 없다.

그는 보은읍에 나와 손을 기다리다가, 읍이 아니라 당신 집으로 내비게이션을 켜놓고 가는 중이라고 전했더니, 다시 버스를 타고 돌아가 외지의 불청객과 겨루기(기실 겨루는 게 아니라 자신의 평화를 방어하기 위한 최소한의 싸움이다) 위해 숨을 가다듬는 중이었을 게다. 보은군 마로면 관기리, 시인의 집은 통나무와 흙으로 지어진, 주변에서도 돋보이는 아담한 집이다. 집 옆으로 수양버들이 늘어져 있고 버드나무 옆에는 오래 된 산수유나무가 가득 꽃을 매달았다. 시인은 일꾼을 거의 쓰지 않고 이 집을 직접 지었는데, 자그마치 5년이나 걸렸다. 동네 노인들은 그를 만나면 입버릇처럼 언제 집이 완성되느냐고 물었고, 그들 중에는 끝내 집이 완성되는 걸 보지 못하고 세상을 떠난 이들도 있다.

시인은 대학을 졸업하고 잠시 객지에서 방황하다가 이내 고향에 들어와 한 살 아래 고향 여자와 결혼해 아이들 낳고 지금까지 붙박이로 살아왔다. 아내는 인근 고등학교 역사교사이고, 시인은 여러 가지 일을 하긴 했지만 지금은 시만 쓰는 전업이다. 해외는 나 가본 적 없고 몇 년 전 제주 작가회의 행사에 참여하느라 딱 한 번 비행기를 타보았다. 중국 여행 스케줄이 잡힌 적도 있었지만 출국 이틀 전 스스로 포기해버렸다. 운전면허가 없는 그가 스트레스를 푸는 방법은 인근 상주까지 시외버스를 타고 나갔다가 터미널에서 바로 돌아오는 버스를 타고 귀가하는 일. 한가한 시골 버스에 앉아 흔들리며 오가노라면 마음이 평정된다고 했다. '늙은 산벚'이 따로 없다.

"이곳에 숨어산 지 오래 되었습니다/ 병이 깊어 이제 짐승이 다 되었습니다/ (……)/ 가만, 땅에 엎드려 귀대고 누군가의 발자국 소리를 듣습니다/ 종종 세상의 시험에 실패하고 이곳에 들어오는 사람이 있습니다/ 몇 번씩 세상에 나아가 실패하고 약을 먹는 사람도 보았습니다/ 가끔씩 사람들이 그리우면 당신들의 세상 가까이 내려갔다 돌아오기도 한답니다/ 지난번 보내주신 약꾸러미 신문 한 다발 잘 받아보았습니다/ 앞으로는 소식 주지 마십시요/ 병이 깊을 대로 깊어 이제 약 없이도 살 수 있을 것 같습니다" 〈이 곳에 숨어 산 지 오래 되었습니다〉 부분

나쁜 사람도, 나쁜 환경도 없다

어떤 사연이 있어 젊은 나이에 고향으로 돌아와 두문불출, 살아왔을까. 시인은 끝내 구체적인 사연은 말하지 않았다. 그냥 돌아왔을 뿐이라고 했다. 그의 시로 지난 정서의 흐름을 어림짐작할 따름이다. 처음에는 사진도 찍기 싫어했다. 내려온 손님을 맞기는 하되, 신문에 얼굴 내미는 것, 마뜩치 않다고 했다. 하지만 그가 거만한 것은 전혀 아니고 오히려 지극히 겸손한 태도와 말투여서, 민망하고 미안했다.

"낡은 봉고를 끌고 시골 장터를/ 돌아다니며 어물전을 펴는/ 친구

가 근 일 년 만에 밤늦게 찾아왔다// 해마다 봄이면 저 뒤란 감나무에 두견이 놈이 찾아와서/ 몇 날 며칠을 밤새도록 피를 토하고 울다 가곤 하지/ 그러면 가지마다 이렇게 애틋한 감잎이 돋아나는데// 이 감잎차가 바로 그 두견이 혓바닥을 뜯어 우려낸 차라네/ 나 같이 쓰라린 인간/ 속을 다스리는 데 아주 그만이지// 친구도 고개를 끄덕였다/ 옳아, 그 쓰린 삶을 다스려낸다는 거!// 눈썹이 하얘지도록 서로의/ 이야기를 나누다 새벽 일찍/ 그 친구는 상주장으로 훌쩍 떠나갔다/ 문가에 고등어 몇 마리 슬며시 내려놓고"〈봄밤〉 전문

옆에 있는 이에게 조근조근 이야기하듯 편안하게 풀어놓은 시편

이다. 하지만 송찬호의 시들이 모두 이렇게 서사적이고 친절한 건 아니다. 오히려 이성적이고 관념적인 사변에 능하다. 이를테면 "장지의 사람들이 땅을 열고 그를 봉해 버린다 간단한/ 외과수술처럼 여기 그가 잠들다/ 가끔씩 얼굴을 가린 사람들이/ 그곳에 심겨진 비명을 읽고 간다// 흙은 사각형의 기억을 갖고 있다" 같은 그의 첫 번째 시집 표제작 〈흙은 사각형의 기억을 갖고 있다〉가 전형적이다. 누군가는 이 시를 두고 혁명적인 발상이라고 했고, 이즈음 미래파 시의 뿌리라고도 했다. 어쨌든 나는 이런 시도 괜찮지만, 〈봄밤〉 같은 시를 더 좋아하는 편이다. 문가에 고등어 몇 마리 슬며시 내려놓고 간 그 친구, 눈물 난다.

저물녘, 보은읍으로 나와 '신라식당'에 들었다. 황태를 넣고 청국장 냄새가 나는 된장을 풀어 끓여낸 황토 색깔 국이 사람을 따뜻하게 위무하는 맛집이다. 시인은 술이 조금 들어가고 더러 세상 이야기를 섞어가자 조금씩 편안해지는 낯빛이었다. 그는 주변에 "나쁜 사람도, 나쁜 환경도 없다"고 했다. 그가 스스로 발설하는 그 비결, 혹은 이유란, 쏠쏠하다. 욕망을 지니지 않으면, 특별히 요구하지 않으면, 부딪치지 않으면, 반작용이 일어날 리 없다는 거다.

"그해 봄 결혼식 날 아침 네가 집을 떠나면서 나보고 찔레나무 숲에 가보라 하였다// 나는 거울 앞에 앉아 한쪽 눈썹을 밀면서 그 눈썹 자리에 초승달이 돋을 때쯤이면 너를 잊을 수 있겠다 장담하였던 것인데,// 읍내 예식장이 떠들썩했겠다 신부도 기쁜 눈물 흘렸겠다 나는/ 기어이 찔레나무숲으로 달려가 덤불 아래 엎어놓은 하얀 사기 사발 속 너의 편지를 읽긴 읽었던 것인데 차마 다 읽지는 못하였다// 세월은 흘렀다 타관을 떠돌기 어언 이십 수년 삶(……)// 예나 지금이나 찔레꽃은 하얬어라 벙어리처럼 하얬어라 눈썹도/ 없는 것이 꼭 눈썹도 없는 것이 찔레나무 덤불 아래서 오월의 뱀이 울고 있다"〈찔레꽃〉 부분

왜 그는 일찍 귀향해 숨어 살기로 작정했을까. 찔레꽃 사랑 때문

에? 시인은 묵묵히 '신비주의'를 고수한다. 그는 막연하게 말했다. "누구나 고향에서는 평등합니다. 젊었을 때는 고향이 상처를 치유하는 공간일지 모르지만, 늙어가면서는 욕망의 키를 재다가 지위고하도 없고 모두 평등해져요. 나는 이걸 고향에서 뼈저리게 느낍니다."

시인은 다음날에도 비슷한 말을 반복했다.

"젊은 날, 그때 내가 제단에 바칠 수 있던 건/ 오직 그 헐벗음뿐, 어느새 내 팔도 훌륭한 양초로 변해 있었다/ 나는 무릎을 꿇고 어두운 제단 앞으로 나아갔다/ 어깨에 뜨겁게 흘러내리는 무거운 촛대를 얹고"〈촛불〉부분

시의 천축국으로 가다

그날 저녁 이어진 자리는 보은의 맥주 집이었는데, 소읍의 금요일 밤 술집은 너무 빤해, 아무리 활동량이 적은 숫기 없는 시인이라 해도, 그곳에서는 어쩔 수 없이 지인들을 쉬 만날 수밖에 없었다. 대학 동기이자 그 역시 문학세례를 받은 친구, 그 벗은 얼핏 지나가는 말로 송찬호가 광부로도 일했다고 했는데, 시인은 그의 허벅지를 지그시 눌렀다. 인근에 문경 탄광이 있었으니 개연성은 충분하다. 그날 술값(생맥주 $6000cc$ + 마른안주)은 동석했던 다른 친구가 냈다. 그 벗은 미당문학상 때도, 김수영문학상 때도, 서울에 올라가 시상식에 참석했단다.

"우리 동네는 충북과 보은의 동남쪽 끝머리에 있다. 이곳에서 동

쪽을 붙잡고 자동차로 사오 분 가량 줄달음치면 경북을 잇는 도계와 만나게 되고 거길 한 발 넘어서면 상주 화서 땅의 시작이다. …내 마음은 거기서 그치질 않고 상주를 지나 문경 예천 영주 너머 영동산악 어딘가를 헤매곤 하는데, 그것은 그런 오랜 방황과 모색 끝에 오래도록 책들이 썩지 않고 노래가 죽지 않는, 시의 천축국에 가 닿을 수 있지 않을까 하는 열망에서인 것이다."

시인이 세 번째 시집 《붉은 눈, 동백》의 자서에 적은 말이다. 9년 만에, 그의 네 번째 시집 《고양이가 돌아오는 저녁》이 나왔다. 이 시집에서는 과연 '시의 천축국'에 얼마나 더 가까이 다가섰을까. 세 번째 시집으로는 김수영문학상과 동서문학상을 받았고, 2008년에는 이 시집에 수록된 시편 〈가을〉과 〈늙은 산벚나무〉로 미당문학상까지 받았으니, 그는 '시의 천축국'으로 틀림없이 가는 중인가. 그는 "시는 내가 경영할 수 있고 남에게 폐를 끼치지 않으니까……" 쓴다고 했다. 이 시는 또, 어떤가.

"달빛은 무엇이든 구부려 만든다/ 꽃의 향기를 구부려 꿀을 만들고/ 잎을 구부려 지붕을 만들고/ 물을 구부려 물방울 보석을 만들고/ 머나먼 비단길을 구부려 낙타 등을 만들어 타고 가고/ 입 벌린 나팔꽃을 구부려 비비 꼬인 숨통과 식도를 만들고/ 검게 익어가는 포도의 혀 끝을 구부려 죽음의 단맛을 내게 하고/ 여자가 몸을 구부려 아이를 만들 동안/ 굳은 약속을 구부려 반지를 만들고"

〈달빛은 무엇이든 구부려 만든다〉 부분

송찬호

1959년 충북 보은에서 태어나 경북대학교 독문과를 졸업했다. 《문학과지성》이 신군부에 폐간되자 제호를 바꾸어 무크지로 발행하던 《우리시대의 문학》 6집으로 1987년 등단했다. 시집으로 《흙은 사각형의 기억을 갖고 있다》 《10년 동안의 빈 의자》 《붉은 눈, 동백》 《고양이가 돌아오는 저녁》 등이 있다. 김수영문학상, 동서문학상, 미당문학상 등을 수상했다.

늙은 산벚나무

앞으로 늙은 곰은 동면에서 깨어나도 동굴 밖으로
나가지 않으리라 결심했는기라
동굴에서 발톱이나 깎으며 뒹굴다가
여생을 마치기로 했는기라

그런데 또 몸이 근질거리는기라
등이며 어깨며 발긋발긋해지는기라
그때 문득 등 비비며 놀던 산벚나무가 생각나는기라

그때 그게 우리 눈에 딱, 걸렸는기라
서로 가려운 곳 긁어주고 등 비비며 놀다 들킨 것이 부끄러운지
곰은 산벚나무 뒤로 숨고 산벚나무는 곰 뒤로 숨어
그 풍경이 산벚나무인지 곰인지 분간이 되지 않아

우리는 한동안 산행을 멈추고 바라보았는기라
중동이 썩어 꺾인 늙은 산벚나무가
곰 발바닥처럼 뭉특하게 남아있는 가지에 꽃을 피워
우리 앞에 내미는기라

소주 빛깔보다 더 파란 외로움
/
이생진 〈그리운 바다 성산포〉

> "두고두고 사랑해도 다 사랑하지 못하고 또 기다리는 사람"

술에 취한 성산포

처음부터 작정한 것은 아니었다. '올레'란 제주 방언으로 집 대문에서 마을까지 이어지는 좁은 골목을 이르는 말인데, 그 길을 사랑하는 이들이 서귀포를 중심으로 제주 해안을 16코스로 이어놓았다. 어쩌다 행복하게 3박4일 동안 그 올레를 걸을 기회가 생겼던 터에, 이생진 시인의 '술에 취한' 성산포가 보고 싶어 하루를 따로 떼어 제1코스(시흥초등학교~말미오름~종달리 소금밭~성산갑문~괫치기해변)를 홀로 걸었다. 이 길에서는 걷는 내내 성산 일출봉이 보인다.

"성산포에서는/ 남자가 여자보다/ 여자가 남자보다/ 바다에 가깝다/ 나는 내 말만 하고/ 바다는 제 말만 하며/ 술은 내가 마시는데/ 취하긴 바다가 취하고/ 성산포에서는/ 바다가 술에/ 더 약하다" 〈그리운 바다 성산포 12 – 술에 취한 바다〉

시흥초등학교에서부터 오름을 향해 걸어 올라가기 시작했다. 햇빛은 환한데 바다에는 해무가 자욱하다. 길 양편에 장다리꽃이 보랏빛으로 무성하게 너울댄다. 저만치 커플티를 입은 젊은 연인이 손을 잡고 걸어가고 있다. 이젠 올레가 제법 알려져서 신혼여행객들도 이 길을 걷는 모양이다. 가파른 나무 계단을 올라 말미오름 정상에 이르렀을 때 기대했던 성산 일출봉은 안개 속에 희미한 유령선처럼 떠 있었다. 이제 초입인데, 성산포에 닿으려면 한나절 내내 걸어야 하는데, 연무가 걷히기를 하세월로 기다릴 수 없는 노릇이다. 그나마 뭍에 조각보처럼 펼쳐진 유채밭들은 제법 선명하게 들어온다. 아쉬운 대로 유채 바다를 곁눈질하다가 유령선을 흘깃거리며 오름을 돌아 내려가는데 말들이 꼬리를 한가롭게 내두르고 있다. 가만히 보니, 그 말들보다 그들 뒤편으로 돌담을 두른 무덤들이 더 시선을 잡아끈다. 무덤 하나하나 돌담으로 에워싸였다.

"살아서 고독했던 사람/ 그 사람 무덤이 차갑다/ 아무리 동백꽃이/ 불을 피워도/ 살아서 가난했던 사람/ 그 사람 무덤이 차갑다"
〈그리운 바다 성산포 80– 고독한 무덤〉

시인이 시는 그리 썼지만, 햇볕이 따갑고 햇빛은 맑아서 무덤에서 고독이 느껴지지 않는다. 지난 가을 억새들이 아직 남아 무덤의 머리를 쓰다듬는 오름 아랫길을 다 내려와 종달리 소금밭을 향해 나아가려는데, 이 한적한 섬의 길가에 차들이 우우 줄지어 서 있다. 멀리 연기가 올라가고 굴삭기를 중심으로 사람들이 모여 있다. 웬일인가 싶어 가까이 다가가보니 파놓은 구덩이에서 사람들이 허리를 구부리고 신중하게 움직이고 있다. 일하는 사람은 두엇이지만, 뒷짐을 지거나 두 손을 앞으로 가지런히 모으거나 혹은 고개

를 길게 빼어 일하는 이들을 지켜보는 사람들은 많다. 먼발치서 줌 렌즈로 당겨 사진 몇 장 찍고 천천히 다가갔는데 노인 한 분이 더 가까이 가서 찍어도 좋다고 불쑥 말했다. 그들은 무덤을 열고 뼈를 추려 새 묘지로 옮기는 중이었다. 노인은 친근한 낯빛으로 "올레꾼이냐?"고 물었다.

"가장 살기 좋은 곳은/ 가장 죽기 좋은 곳/ 성산포에서는/ 생과 사가 손을 놓지 않아/ 서로 떨어질 수 없다" 〈그리운 바다 성산포 9- 생사〉

아스팔트 길을 걸어 종달리 소금밭 쪽으로 갔다. 제주에서 유일하게 천일염을 생산하던 소금밭에 지금은 갈대만 무성하다. 정오가 가까워도 여전히 해무는 가시지 않아 갈대 너머로 성산 일출봉

유령선은 더 크고 장엄하게 부유하는 중이다. 종달에서 처음 오름으로 출발했던 시흥까지 이어지는 해안도로를 걸어야 성산포에 이를 수 있다. 이 도로에서는 성산포와 일출봉이 내내 가까이 보인다. 한 발짝 내딛을 때마다 셔터를 한 번씩 누르는 꼴이니 걸음이 느릴 수밖에 없다. 누군가 나를 추월한다. 가만히 보니 그는 이미 나를 추월한 지 오래인데, 그걸 느끼지 못했을 뿐이다. 젊은 그는 높낮이가 다른 두 다리로, 여전히 껑충거리며 해안 길을 하염없이 걷는 중이다. 지팡이는 없다. 바다가 바로 곁에서 말을 걸어온다. 일출봉은 서서히 걷혀가는 안개 속에서 얼굴을 내밀기 시작했다. 청청한 소주 빛깔 성산포 바다, 멀지 않았다.

"바다는/ 마을 아이들의 손을 잡고/ 한나절을 정신없이 놀았다/ 아이들이 손을 놓고/ 돌아간 뒤/ 바다는 멍하니 마을을 보고 있었다/ 마을엔 빨래가 마르고/ 빈 집 개는/ 하품이 잦았다/ 밀감나무엔/ 게으른 윤기가 흐르고/ 저기 여인과 함께 탄/ 버스엔/ 덜컹덜컹 세월이 흘렀다" 〈그리운 바다 성산포 30– 바다의 오후〉

시를 심장에 넣고

이생진 시인을 만난 건 제주에서 올라와 김후란 시인이 운영하는 '문학의 집·서울' 수요모임 '만나고 싶었습니다'라는 공개 문학강좌 자리에서였다. 운이 좋았다. 노시인에게 전화를 걸어 이것저것 묻는다는 게 미안한 마음이었는데, 다행히 청중 속에 섞여 그의 이야기를 들을 수 있게 됐던 거다. 시인은 이날 여러 이야기를 했지만 그중에서도 가장 감동을 준 건 그가 어떻게 시에 대한 열정을 살렸는지, 물증을 들고 나온 대목에서였다. 그는 40여 년 동안 중고등학교에서 아이들에게 영어를 가르치는 교사로 살면서, 시를 심장에 넣고 섬과 섬을 떠돌았다. 아직 정식으로 등단하기 전 1955년부터 내리 4년 동안 매년 자신이 쓴 시를 등사 하고, 표지를 만들어 니스를 칠해 그늘에 말리고, 철사를 ㄷ자로 구부려 일일이 제본을 해서 200권씩 만들어서, 선후배와 친지들에게 회신용 엽서를 동봉해 보냈다고 했다. 그는 그 시집 몇 권과 엽서 몇 장을 보여주었다. 객석에서 작은 탄성이 터져 나왔다.

  시에 대한 그의 사랑은 헌신적이었다. 토요일이면 인천 춘천 망우리 같은 서울 근교를 떠돌면서 느낀 걸 즉석에서 엽서에 깨알처럼 적어 자신의 주소로 부쳤다. 그러면 화요일쯤 집에서 그 엽서를 받아보게 되는데, 그 스스로 엽서의 독자가 되어 당시의 심정과 대화를 나누는 식이었다. 그러다가 섬으로 떠돌기 시작한 것이다. 그는 "우리나라 섬이 3,188개가 있다는데 그중 1,000여 개는 내가 다 녔다"며 "어선을 타고 우리 바다 어디를 지나가도 대충 내가 어딜 가고 있다는 걸 감각적으로 느낀다"고 했다. 왜 그리 섬으로만 떠돌았느냐고 물어보자 그는 "외로워서 갔다"고 했다. 그는 "이열치열以熱治熱인데, 이독치독以獨治獨은 말이 안 되는지" 물었다. 따지고 보니 그는 불행한 청년기를 보낼 수밖에 없었던, 헤밍웨이가 《해는 또다

시 떠오른다 The Sun Also Rises》의 서문에서 말했던 '잃어버린 세대 Lost Generation'였다. 성장기는 일제강점기였고, 20대 청춘기에는 6·25전쟁과 폐허가 이어졌다. 다시 가난을 극복하자는 군대식 행진이 청년의 푸른 감성을 짓눌렀다.

"모두 막혀 버렸구나/ 산은 물이라 막고/ 물은 산이라 막고// 보

고 싶은 것이/ 보이지 않을 때는/ 차라리 눈을 감자/ 눈을 감으면/ 보일 거다/ 떠나간 사람이/ 와 있는 것처럼/ 보일 거다// 알몸으로도/ 세월에 타지 않는/ 바다처럼 보일 거다/ 밤으로도 지울 수 없는/ 그림자로 태어나/ 바다로도 닳지 않는/ 진주로 살 거다"〈그리운 바다 성산포 66- 보고 싶은 것〉

이 죽일 놈의 고독

지치고 허기가 져 내내 점심을 해결할 곳을 두리번거리며 걸었는데, 주변에 식당은 보이지 않고 종달 해안도로만 썰렁하게 성산봉을 쳐다보며 이어지는 길이었다. 제주의 등 푸른 고등어를 조려서 차진 그놈의 살에다 자글자글 붉은 국물을 얹어 소주 안주로, 오전의 피로와 고독을 보상받고 싶었다. '해녀의 집 식당' 간판만 덩그렇게 눈에 띄는데, 그것 말고는 앞으로도 한참을 더 걸어야 할 막막한 풍경이다. 해녀의 집에 들러 해삼 한 접시와 소주를 시켰다. 해삼은 맑고 붉었다. 홀로 다 먹기에는 큰 접시다. 시인과는 반대로 소주 한 잔에 해삼 두 점을 먹었다.

"나는 떼놓을 수 없는 고독과 함께/ 배에서 내리자마자/ 방파제에 앉아/ 술을 마셨다/ 해삼 한 토막에/ 소주 두 잔/ 이 죽일 놈의 고독은 취하지 않고/ 나만 등대 밑에서 코를 골았다"〈그리운 바다 성산포 45- 고독〉전문

성산 일출봉 입구는 뭍에서 온 여자중학생들의 재잘거림으로 뒤덮여버렸다. 봄부터 수학여행을 떠나온 모양이다. 봄볕이 더워 이마에 흐르는 땀을 훔쳐가며 언덕 위로 올랐다. 멀리 섬 하나가 누워 있다. 새파란 바다에 섬이 보이는데, 그 섬은 아닌 게 아니라 소가 배를 깔고 턱을 괸 채 먼 바다를 무심하게 바라보는 꼴이다. 우도는 우도牛島다. 무엇보다도 바다가 소주 빛깔보다 훨씬 더 파래서, 아무리 퍼 마셔도 취하지 않을 것 같다.

시인은 처음 일출봉에 올라 그 섬이 '우도'라는 걸 몰랐다고 했

다. 그래서 그는 그냥 '무명도'라는 제목으로 "저 섬에서/ 한 달만/ 살자/ 저 섬에서/ 한 달만/ 뜬 눈으로 살자/ 저 섬에서/ 한 달만/ 그리운 것이/ 없어질 때까지/ 뜬 눈으로 살자"고 썼다. 그는 나중에 그 섬 이름을 알고 난 뒤에도 그냥 '무명도'를 고집했다. 이름이 있다면, 이름을 안다면, 고독이 사라질지 모른다.

그는 1978년에 내놓은 이래 지금까지 30년 넘게 독자의 사랑을 받고 있는 시집《그리운 성산포》서문에 "일출봉에서 우도 쪽을 바라보며 시집을 펴면 시집 속에 든 활자들이 모두 바다로 뛰어들"것이라고 썼다. 나는 그의 연작시 중에서도 "성산포에서는/ 바람이 심한 날/ 제비처럼 사투리로 말한다"〈그리운 바다 성산포 36- 감탄사〉부분는, 높고 쓸쓸하고 서글픈, 백석 같은 대목이 좋다. 그리고 "덜컹덜컹 세월이 흘렀다"고 쓴 〈바다의 오후〉 한 대목도 시리다. 강물이 흐르는 것처럼 잔잔하고 지루하게 살다가(이것만으로도 크나큰 축복이겠지만), '덜컹덜컹' 사랑하고 갈 수 있다면 더 무슨 말을 붙일까.

사진ⓒ손인호

그리운 바다 성산포

살아서 고독했던 사람
그 사람 무덤이 차갑다
아무리 동백꽃이
불을 피워도
살아서 가난했던 사람
그 사람 무덤이 차갑다

나는 떼놓을 수 없는 고독과 함께
배에서 내리자마자
방파제에 앉아
술을 마셨다
해삼 한 토막에
소주 두 잔
이 죽일 놈의 고독은 취하지 않고
나만 등대 밑에서 코를 골았다

술에 취한 섬
물을 베고 잔다

파도가 흔들어도
그대로 잔다

성산포에서는
바다를 그릇에
담을 순 없지만
뚫어진 구멍마다
바다가 생긴다
성산포에서는
뚫어진 그 사람의 허구에도
천연스럽게
바다가 생긴다

살아서 무더웠던 사람
죽어서 시원하라고
산꼭대기에 묻었다

살아서 술 좋아하던 사람
죽어서 바다에 취하라고
섬 꼭대기에 묻었다

살아서 가난했던 사람
죽어서 실컷 먹으라고
보리밭에 묻었다

살아서 그리웠던 사람
죽어서 찾아가라고
짚신 두 짝 놔두었다

저 섬에서
한 달만 살자
저 섬에서
한 달만
뜬 눈으로 살자
저 섬에서
한 달만
그리운 것이
없어질 때까지
뜬 눈으로 살자

삼백육십오일
두고두고 보아도

성산포 하나 다 보지 못하는 눈

육십 평생
두고두고 사랑해도
다 사랑하지 못하고
또 기다리는 사람

이생진

　1929년 충남 서산에서 출생했으며, 1965~1969년 김현승 시인의 추천을 받아 《현대문학》으로 등단했다. 시집으로 《산토끼》《바다에 오는 이유》《그리운 바다 성산포》《섬에 오는 이유》《외로운 사람이 등대를 찾는다》《혼자 사는 어머니》《서귀포 70리길》, 수필집으로 《아무도 섬에 오라고 하지 않았다》《걸어다니는 물고기》 등이 있으며 윤동주문학상, 상화시인상을 수상했다.

서럽고 서늘한 남도의 산조

송수권 〈대숲 바람소리〉

대숲 사이 하얗게 피어 오르는 저녁밥 짓는 연기
끝없이 펼쳐진 황토길… 뻘… 남도의 맑은 숨소리

남도의 서정시인

　　누군가 그의 용모를 일컬어 점잖게 '시골풍'이라고 시집 발문에 쓴 걸 보았는데, 아닌 게 아니라 광주 역전에서 처음 만난 시인은 남도 바닥 어디에서나 쉽게 볼 수 있는 영락없는 촌사람이었다. 작달막한 키에 그을린 얼굴, 연신 피워대는 담배에다 빠른 남도 사투리 때문인지는 모르되 밭에서 일하다가 모처럼 차려 입고 오랜만에 도시에 나온 농부 같았다. 겉으로만 보아서는 나지막이 '누이'를 호명하며 한국 서정시의 한 획을 새로 그어낸 그 시인이라고 짐작하기는 어렵겠다.

　　남도의 큰 서정시인 송수권에 대해 말하는 중이다. 그의 고향 고흥에서 만나기로 했지만, 순천에 살고 있는 그가 마침 광주에 올라올 일이 있어서 그곳에서 합세해 영랑문학제가 열리는 강진에 들렀다가 최종 목적지인 고흥에 함께 가기로 약속한 참이었다. 미리 말하자면, 이 여정은 광주 역전에서 섣불리 재단했던 시인의 '시골풍' 이미지가 차례로 깨져나가면서 논리적이고 강건한 남도의 서정시인 하나를 새롭게 인식하는 과정이기도 했다.

　　"누이야/ 가을산 그리메에 빠진 눈썹 두어 낱을/ 지금도 살아서 보는가/ 정정(淨淨)한 눈물 돌로 눌러 죽이고/ 그 눈물 끝을 따라가면/ 즈믄밤의 강이 일어서던 것을/ (……)// 누이야 지금도 살아서 보는가/ 가을산 그리메에 빠져 떠돌던, 그 눈썹 두어 낱을 기러기가/ 강물에 부리고 가는 것을/ 내 한 잔은 마시고 한 잔은 비워두고/ 더러는 잎새에 살아서 튀는 물방울같이/ 그렇게 만나는 것을/ 누이야 아는가/ (……)" 〈산문에 기대어〉 부분

오늘날 시인을 있게 한 이 명편은 휴지통에서 건져냈다. 원고지가 아닌 갱지에 흘려 써 《문학사상》에 응모한 이 시는 휴지통으로 들어가버렸지만, 이어령 씨가 발견하고 여관 주소만 적혀 있던 응모작의 주인을 수소문해 1년 만에 빛을 보게 된 것이다. 1975년 데뷔 과정의 일등공신이 이어령 씨였다면, 정작 이 시를 존재하게 한 건 젊은 나이에 자살한 동생이었다.

시인의 친모는 일찍 작고했고, 계모 아래 두 형제가 살았다. 그중 한 혈육이 군에서 제대한 다음 날 친모의 무덤가에서 시신으로 발견됐고, 무덤 주변에는 동생이 먹다 만 알약들이 이슬을 받고 있었다. 눈썹이나 머리카락 같은 사람 몸의 터럭들은 죽어서 매장을 해도 오래 썩지 않고 남아 그 사람의 한을 상징하는 것이라고 시인은 말했다.

죽은 동생의 눈썹이 가을산 그림자에 빠지고, 기러기가 그 눈썹을 물고 날아다니는 풍경 속에서 '내 한 잔은 마시고 한 잔은 비워두고'라는 구절은 그가 와서 나의 빈 잔을 채워줄 때까지 기다리는 '제의祭儀'를 연상케 한다. 그러니 제목의 '산문山門'이란 이승과 저

승의 경계인 셈이다. 시인은 어느 대담에서 '결국 누굴 그리워하고 산다는 것은 이 슬픈 제의(祭儀)를 되풀이하는 끝없는 행위'라고 말한 적이 있다.

"누이야 너는 그렇게는 생각되지 않는가/ 오월의 저 밝은 산색이 청자를 만들고 백자를 만들고/ 저 나직한 능선들이 그 항아리의 부드러운 선들을 만들었다고는/ 생각되지 않는가/ 그렇다면 누이야 너 또한 사랑하지 않을 것인가"〈5월의 사랑〉 부분

시인의 사랑, 남도의 노래

강진 가는 길 차창으로 비가 들이치기 시작했다. 시인은 차 안에서도 연방 담배를 놓지 못한다. 하루에 세 갑 정도는 피운다고 했다. 하릴없이 조금 내려놓은 창틈으로 빗방울이 들어와 얼굴에 튀긴다. 저물녘 강진은 비가 오는데도 축제분위기가 완연했다. 영랑문학상을 시상하는 강진문화회관에는 지역사회 유지들이 보낸 화환들이 빼곡하게 들어차 있었고, 지역의 문인들은 물론 허름한 차림새의 노인네들까지 '굿'을 보겠다며 몰려들었다. 일기가 불순한 데다 강진의 일정이 늦어져 그냥 그곳에서 일박을 한 뒤 다음 날 고흥으로 가기로 했다. 그날 밤 강진의 식당에서 늦은 시각까지 송수권 시인의 이야기를 들을 수 있었다.

순천사범학교를 나와 서라벌예대까지 졸업했지만 등단이 여의치

않아 문학 화병이 들었던 데다 피를 나눈 형제마저 자살해버리자 20대 초반의 젊은 시인은 섬으로 발령을 자청해 초도중학교 교사로 6년을 살았다. 여수에서 뱃길로 오래 달려 거문도 못 미쳐 당도하는 그 섬에서 시인은 문학을 제쳐두고 낚시에 빠져 살았다. 첫 발령지의 중학교에서 만났던 제자를 '납치하다시피' 데리고 섬에 들어와 3남매를 낳았다. 6년이 지나고 다시 섬으로 발령이 나자 시인은 섬을 나와 홀로 절과 도시를 떠돌았다. 어쩌다 서울에 입성해 서점에서 다시 처음 보게 된 문예지가 《문학사상》이었고, 여관에 틀어박혀 갱지에 응모작을 써서 이 문예지에 투고한 뒤 고향에 내려와 농사를 짓다가 데뷔하게 된 거였다. 이후 그가 펼쳐온 시의 풍경은 남도의 정서를 대변하는 진경이었다.

"대숲 바람 속에는 대숲 바람소리만 흐르는 게 아니라요/ 서느라운 모시옷 물맛 나는 한 사발의 냉수물에 어리는/ 우리들의 맑디맑은 사랑// 봉당 밑에 깔리는 대숲 바람소리 속에는/ 대숲 바람소리만 고여 흐르는 게 아니라요/ 대패랭이 끝에 까부는 오백 년 한숨, 삿갓머리에 후득이는/ 밤 쏘낙 빗물소리…" 〈대숲 바람소리〉 부분

그는 남도 정서의 핵심으로 대나무와 황토, 그리고 뻘을 꼽았다. 댓잎이 살랑거리면서 내는 사각거리는 속삭임은 서늘하고 쓸쓸하다. 그래서 어디선가 듣기론 뒤란에 대나무를 심어놓으면 마음이 산란해지는 연고로, 선비의 집에선 될 수 있는 한 피한다고 했다. 하지만 그날 밤 송수권의 대나무론은 그런 편견을 완전히 깨는 것

이었다. 그에 따르면 대나무는 남도의 일상에 스며든 풍경이요, 없어서는 안 될 필수품들의 재료였다. 충청 이북지역에서 자생할 수 없는 나무여서 그 자체로 남도의 특성을 반영하거니와 죽순에서부터 대바구니, 연, 활, 죽창으로까지 이어지는 다양한 쓰임새는 남도의 상징이나 다름없다는 논리였다. 그는 대밭을 끼고 낮게 뭉그적거리며 서서히 돌아나가는 저녁밥 짓는 연기에 대해 말하며, 남도의 노래는 높이 흔들어대는 소리가 아니라 땅을 밟는 소리라고 했다. 일단 남도에서 태어나기만 하면 그 DNA의 60%는 무당기질을 타고난다고 했다. 그 '끼'란 시나위나 산조 같은 무한자유의 신명일 것이다.

"연사흘 밤낮 내리는 흰 눈발 속에서/ 대숲 속을 가만히 들여다보면/ 한밤중 암수 무당들이 댓가지를 흔드는 붉은 쾌자자락들이 보이고/ 활활 타오르는 모닥불을 넘는/ 미친 불개들의 울음 소리가 들린다."〈눈 내리는 대숲 가에서〉 부분

방황하고, 방랑하는 삶

강진의 그날 밤, 그가 펼친 이 세 가지 핵심에 대한 강의는 인상적이었다. 다양한 지면에 소개된 그의 남도론을 어느 정도 알고 있었지만 직접 육성을 통해 살을 붙여 듣노라니, 촌사람의 외피 같은 건 사라지고 논리적이고 체화된 인문적 품성이 완연 깊어졌다. 황토야 길게 부연하지 않아도

쉽게 남도 이미지로 다가갈 터이고, 뻘에는 시인의 설명이 조금 필요할 듯싶다. 뻘은 우리 역사에서 '물둑'의 정신이라고 했다. 뻘을 막아서 논으로 만든 게 호남평야요 나주평야라는 것인데, 바로 이 지역 사람들의 개척정신을 일컬어 '개(뻘)+ㅅ+땅+쇠(접미사)'라고 했다는 얘기다. 언제부터인가 남도 사람을 비하하는 의미로 왜곡되었지만, 개땅쇠란 대단히 긍정적인 어원을 지녔다고 했다. 시인은 이 세상 뻘물이 배지 않은 모든 것은 싱거워서 시도 삶도 아니라고 했다.

"자욱하다/ 진창이 된 저 삶들, 물이 썬 다음 저 뻘밭들/ 달빛이 빛나면서 물고랑 하나 가득 채워 흐르면서/ 아픈 상처를 떠올린다 저 봉합선縫合線들,/ 이 세상 뻘물이 배지 않은 삶은/ 또 얼마나 싱거운 것이랴" 〈곰소항〉 부분

시인은 젓갈로 유명한 곰소항이 있는 변산반도에서도 몇 년 살았다. 이곳에서 《수저통에 비치는 저녁노을》이라는 시집도 펴냈다. 평생 방황하고 방랑하는 삶이었지만 중고교 교사 30여 년을 청산하고 이곳에 머물다가 '학사는 물론 박사학위도 없는 국립대 교수 1호'로 초빙되어 순천대 문예창작과 교수를 맡았다.

강진에서 하룻밤을 자고 다음 날 고흥으로 내달렸다. 고흥군 두원면 학림마을. 이곳이 시인이 태어난 동네이자, 그가 누이와 함께 20리 길을 걸어 학교에 다녔던 현장이다. 아무도 살지 않는 시인의 생가 마당에는 잡풀이 무성하고 빈 방의 장지문은 종이가 떨어져 나가 을씨년스러웠다.

그는 전날 밤 강진에서 전라도 사투리를 시에 대거 수용한 그의 시작에 대한 신념, 가락을 무시하고 역사성이 빠진 요즘 현대시의 안타까운 현실에 대해서도 토로했었다. 그가 최근 탈고한 지리산 빨치산들에 관한 대하서사시 이야기도 이어졌다. 송수권의 시는 남성적이고 강건한 서정에 바탕을 두고 있다는 평가가 우세한 편이다. 그날 밤 동석했던 한 시인이 그에게 "선생님 시에는 연애시가 없는 것 같다"고 말하자, 시인은 손사래를 치며 그렇지 않다고 부

인했다. 귀경한 뒤에서야 그의 절절한 연애시 한 편을 발견했는데, 그 시 역시 이승과 저승의 경계에 피어 있었다.

"무슨 죄 있기에 오가다/ 네 사는 집 불빛 창에 젖어/ 발이 멈출 때 있었나니/ 바람에 지는 아픈 꽃잎에도/ 네 모습 어리울 때 있었나니// 늦은 밤 젖은 행주를 칠 때/ 찬그릇 마주칠 때 그 불빛 속/ 스푼들 딸그락거릴 때/ 딸그락거릴 때/ 행여 돌아서서 너도 몰래/ 눈물 글썽인 적 있었을까// 우리 꽃 중에 제일 좋은 꽃은/ 이승이나 저승 안 가는 데 없이/ 겁도 없이 넘나들며 피는 그 언덕들/ 석남꽃이라는데……// 나도 죽으면 겁도 없이 겁도 없이/ 그 언덕들 석남꽃 꺾어들고/ 밤이슬 풀비린내 옷자락 적시어가며/ 네 집에 들리라" 〈석남꽃 꺾어〉 전문

대숲 바람소리

대숲 바람 속에는 대숲 바람소리만 흐르는 게 아니라요
서느라운 모시옷 물맛 나는 한 사발의 냉수물에 어리는
우리들의 맑디맑은 사랑

봉당 밑에 깔리는 대숲 바람소리 속에는
대숲 바람소리만 고여 흐르는 게 아니라요
대패랭이 끝에 까부는 오백 년 한숨, 삿갓머리에 후득이는
밤 쏘낙 빗물소리…

머리에 흰 수건 쓰고 죽창을 깎던, 간 큰 아이들, 황토현을 넘어가던
징소리 꽹과리 소리들…

남도의 마을마다 질펀하게 깔리는 대숲 바람소리 속에는
흰 연기 자욱한 모닥불 끄으름내, 몽당빗자루도 개터럭도
보리숭년도 땡볕도
얼개빗도 쇠그릇도 문둥이 장타령도 타는 내음…

아 창호지 문발 틈으로 스미는 남도의 대숲 바람소리 속에는

눈 그쳐 뜨는 새벽별의 푸른 숨소리, 청청한 청청한
이파리의 맑은 숨소리

송수권

　1940년 전남 고흥에서 출생했으며 1962년 서라벌예대 문예창작과를 졸업했다. 1975년 〈산문에 기대어〉 외 4편으로 《문학사상》 신인상을 수상했으며 2002년부터 순천대 문예창작과 교수로 재직 중이다. 소월시문학상, 김달진문학상, 정지용문학상, 영랑문학상 등을 수상했으며, 시집으로 《산문에 기대어》《꿈꾸는 섬》《아도》《새야 새야 파랑새야》《수저통에 비치는 저녁노을》, 산문집으로 《남도의 맛과 멋》《아내의 맨발》등이 있다.

그토록 많던 그리움의 모서리
/
장석남 〈옛 노트에서〉

닳고 닳은 그리움의 모서리엔
섬 집 아기의 기다림이……

지금은 간신히 아무도 그립지 않을 무렵

덕적도 가는 바닷길에 내내 비가 내렸다. 섬에 당도해도 비는 그치지 않았고 오히려 바람은 더 거세어져 우산이 뒤집혔다. 시인이 어린 시절을 보낸 서포리 바닷가로 가는 버스는 놓쳤고, 간다 해도 이 우중에 사진을 찍기도 난감하다. 시각은 이제 겨우 오전 11시경, 예전에는 인천 연안부두에서 서너 시간씩 걸렸다던 뱃길이 쾌속정 덕분에 1시간 남짓으로 줄어들었다. 시인과 함께 부둣가의 식당에 들었다. 돌아가는 배는 이튿날 오후로 잡아놓았으니, 비 오는 선창에서 서두를 일 없다. 우럭백숙 곁에 술잔도 따라 나온다. 통유리창 너머 빗속으로 소야도 문갑도 굴업도가 차례로 희미해진다.

"아버지는 종일 모래밭에서 와서 놀더라/ 이어지는 저녁까지 모래밭에 숨을 놓고 놀다/ 모래밭 속에 아들과 딸을 따뜻이 낳아두고 놀다 가더라/ 해당화밭이 애타는 저녁까지/ 소야도가 문갑도로 문갑도가 다시 굴업도로/ 해걸음을 넘길 때/ 1950년이나 1919년이나 그 이전以前이/ 물살에 떠밀려와 놀다 가더라"〈해질녘〉전문

유리창에 비껴 듣는 빗줄기가 봄비치고는 심하다. 장맛비 같다. 선창의 배들은 빗속에서 춤을 추는데 시인은 띄엄띄엄 말을 한다.

아직은 조금 어색한 모양이다. 그는 자신의 성장기를 '간증'해야 하는지, 물었다. 간증까지는 아니더라도 어느 정도는 친절하게 듣고 싶었다. 장석남 시인은 나에게 '지금은 앵두가 익을 무렵/ 그리고 간신히 아무도 그립지 않을 무렵'의 시인이다. 맑고 붉은 앵두가 탱탱하게 익을 무렵에야 겨우, 간신히, 아무도 그립지 않을 것 같은 평화를 얻은 사내의 한숨이 귓전을 간질이는 듯하다. 더하고 뺄 것도 없다. 그동안 '얼마나 많은 그리움의 모서리들'에 시달리며 옹색하게 살았던가. 그리움도 고통이라서 벗어나고 싶었지만, 익어가는 앵두를 보니 이제야 간신히 마음을 비울 수도 있는가. 앵두나무는 서포리 시인의 집 뒤 우물가 언덕에서 자랐다.

"지금은 앵두가 익을 무렵/ 그리고 간신히 아무도 그립지 않을 무렵/ 그때는 내 품에 또한/ 얼마나 많은 그리움의 모서리들이/ 옹색하게 살았던가/ 지금은 앵두가 익을 무렵/ 그래 그 옆에서 숨죽일 무렵" 〈옛 노트에서〉 부분

살구나무 밑 할머니 울음

많은 그리움의 모서리들은 대처에서 시달리며 닳아진 것들이긴 하지만, 이 시의 공간은 유년기 섬 집의 우물가 언덕이고, 그 그리움의 뿌리는 '섬 집 아기'의 기다림에 닿아 있다. 엄마가 섬 그늘에 굴 따러 가고 아기가 혼자 남아 집을 지키는 섬 집 아기. 장석남은 당시 행정구역명으로는 경기도 옹

진군 덕적면 서포리에서 5남매 중 막내로 태어났다. 큰형과는 열두 살 정도 터울이 지고, 바로 위 형하고도 네 살 차이가 난다. 당시 고등학교가 없었던 섬에서 대부분 중학교를 마치거나 초등학교를 졸업하면 인천으로 떠났다. 형과 누나들은 뭍으로 떠났고, 아버지도 이 가난한 섬에서 아이들 학자금을 마련하기는 어려워 어머니가 '어서 떠나라'고 재촉하는 바람에 인천으로 또 떠났고, 어머니마저 그들의 뒷바라지를 위해 섬과 인천을 오갔지만 뭍에 머무르는 시간이 더 많았다. 그 때마다 장석남은 홀로 할머니와 섬 집을 지켰다.

하루에 한 번 왔다 가는 배가 들어오면 올라오는 사람이 있나 내려다보는 섬 집 아기. 할머니와 어머니는 사이가 좋지 않았는데, 그 할머니조차 어미가 왔는지 자주 내다보았다. 할머니는 19세기에 태어나 20대까지 '나랏님'을 모신 마지막 봉건세대였다. 그런 할머니의 막내아들, 그러니까 집안의 온 기대를 모았던, 아버지와 어머니가 송아지를 키워 학비를 댔던 그 막내 삼촌이 대전 신학대에서 만학을 하다가 서른 살에 요절한 비극이 문제였다. 할머니는 며느리가 잘못 들어와서 그런 일이 일어났다고 억지소리를 해댔고, 날이면 날마다 울었다.

"내 기억이 시작되는건 다섯 살 무렵인데 할머니의 울음부터 들은 것 같아. 지금 생각해보면 그 당시는 할머니 막내아들이 죽은 지 얼마 안 된 때였어. 하지만 나는 영문도 모르고 울음소리를 들은 거고, 엄마도 없고……. 그러니 태어나면서부터 익숙해진 게 울

음소리…… 할머니가 살구나무 밑에서 대성통곡을 한 다음 막내 손자인 나랑 상추쌈을 자셔. 미치는 거야. 꽃봉오리가 환희가 아니라 할머니가 울어서 피는 거여. 울어도 엉엉 우는 게 아니라 노인네가 육자배기조로 가락을 넣어서 하도 울어대니……."

꽃이 피면 청춘은

장석남 시인이 이 이야기를 한 곳은 그 선창가 식당이 아니었다. 우리는 비 내리는 부둣가 식당에서, 예전 서울 인사동 심야 포장마차에서 마주친 적은 있지만 대낮에 정색을 하고 본 적은 없어 그이와 약간의 낯가림을 해소하려고 노력한 뒤, 장석남이 동창생 오빠의 민박집에 전화를 넣어 달려온 봉고차로 서포리 '옹진민박'에 다시 들었다. 봉고차를 타기 전, 장석남이 부둣가 방파제로 나가 거센 비바람에 흔들리는 포장막 안에서 간재미 몇 마리와 굵직한 소라를 샀다. 그리하여 비 내리는 서포리 '옹진민박'의 퀴퀴한 탁자 위에 안주로 차려진 건 간재미 회와 소라였고, 내 앞의 창 너머로는 비바람에 시달리는 중키의 푸른 나무들이 회벽을 배경으로 춤을 추었다. 그곳에서 장석남은 첫 기억은 울음소리로 시작되었다고 말했던 것이다.

"배나무가 떨고 있다// 저 나무가 꽃이 피면/ 살의殺意처럼/ 꽃이 피면 청춘은/ 돌배나무 아래 사지를 펴고 그러면/ 저 나무는 청춘을 묻은/ 흰 무덤이 되는 거야// 돌배나무가 이번엔/ 춤 속에 가만

히 서 있다"〈배호4〉 전문

　바깥에서는 청청한 이파리를 거느린 가지들이 비바람에 흐느적거리고, 안에서는 배호가 노래를 부르는, 그 퀴퀴한 민박집에서 꽤 오랫동안 이야기를 나누었는데, 어느 순간 장석남 시인이 문을 박차고 우산도 없이 튀어나가 걷기 시작했다. 그 뒤를 따라나섰다. 초등학교 6학년 때 섬을 떠나 인천으로 나갔지만 어린 그때도 섬의 파도 소리가 내내 잠자리에서 환청으로 들렸다고 했다. 차츰 환청은 잦아들었으나 그 소리는 가슴속에 스며들어 이성과 이론과 과학이라는 것들에 순치되었다가 다시, 어쩔 수 없이 꿈틀댔을 터이다.
　가랑비가 내리는 마을 고샅길을 따라 걸었고, 교회 옆길로 내려서는가 싶더니 산속으로 올라갔다. 주황기와집이 하나 숲 속에 얼굴을 내밀어 그 집인가 했더니 시인은 그곳을 지나쳐 다시 깊은 숲 속으로 올라간다. 시인은 넓은 잎의 머위들이 자욱하게 깔린 숲에 이르러 숨을 색색, 몰아쉬며 젖은 머리칼과 젖은 눈썹으로 서 있었다. 머리 위로 보라색 등꽃이 흘러내렸다. 시인의 옛집 옆에 흔적만 남은 시냇물이 풀 속으로 흘렀다.
　"내가 반 웃고/ 당신이 반 웃고/ 아기 낳으면/ 돌멩이 같은 아기 낳으면/ 그 돌멩이 꽃처럼 피어/ 깊고 아득히 골짜기로 올라가리라/ 아무도 그곳까지 이르진 못하리라/ 가끔 시냇물에 붉은 꽃이 섞여 내려/ 마을을 환히 적시리라/ 사람들, 한잠도 자지 못하리"〈그리운 시냇가〉 전문 숲이 되어버린 시인의 옛집에서 내려와 어둑해지는 서포리로 갔다. 다만 시인의 꽁무니만 따라갔을 따름인데, 어느새 어둑해지는 해변이 나타났고, 그 해변의 망루에 오르고 있었다. 폐장 해수욕장의 해변 망루, 어둑한 밤의 그 망루 문은 잠겨 있었다. 시인은 익숙하게 깨진 창문을 넘어 한 평 크기의 그 좁은 망루의 전망대로 들어갔다. 따라서 넘었다. 바람은 어둠 속에 소리를 지르며 지나갔고, 망루의 시인은 취기 속에 멀리 '한진여'를 내려다보았다. '여'란 바다 속 돌무더기를 이르거니와, 옛날 시인의 집에서 내려다보면 바다속에 숨어 있던 여는 물의 높낮이를 재는 검은 물속의 친구였지만, 지금은 그 위에 등대를 세워놓았다. 태풍이나 몰아쳐야 허옇게 물보라를 일으키며 존재를 과시할 수 있던 수면 바로 아래 그 돌무더기, '한진여'. 시인에게는 '진보에 대한 상상력'을 담보한 바다 밑 바위 지형이었지만, 그마저 이제 등대에 눌려버린 셈이다.

"나는 나인 그곳에 이르고 싶었으나 늘 물밑으로 난 길은 발에 닿지 않았으므로 이르지 못했다/ 이후 바다의 침묵은 파고 3 내지 4미터의 은빛 이마가 서로 애증으로 부딪는 한진여의 포말 속에서만 있다는 것을 알았다/ 침묵은 늘 속에만 있다는 것을" 〈한진여〉 부분

망루에서 내려와 어둑한 서포리 해변을 가로질러 '옹진민박'으로 돌아왔다. 대학생들이 엠티 온 것처럼 우리는 떠들고 뛰었다. 이건 순전히, 시인 장석남의 과장된 악동 기질 탓이었다. 장석남은 '섬'이라고 발언하면 심심해서 '슴'이라고 발음해야 한다고 했다. '슴놈'

장석남, 세월이 흐르니 그가 이렇게 질펀한 시도 쓰네.

"내 정신의 어여쁜 빤쓰 같은 이 300만 원을,// 나의 좁은 문장으로는 근사히 비유하기도 힘든/ 이 목돈을 나는 어떻게 할 것인가/ 평소의 내 경제관으론 목돈이라면 당연히 땅에 투기해야 하지만/ 거기엔 턱도 없는 일, 허물어 술을 먹기에도 이미 혈기가 모자라/ 황홀히 황홀히 그저 방황하는,/ 주머니 속에서, 가슴 속에서/ 방문객 앞에 엉겁결에 말아쥔 애인의 빤쓰 같은/ 이 목돈은 날마다 땀에 절어간다"〈목돈〉 부분

옛 노트에서

그때 내 품에는
얼마나 많은 빛들이 있었던가
바람이 풀밭을 스치면
풀밭의 그 수런댐으로 나는
이 세계 바깥까지
얼마나 길게 투명한 개울을
만들 수 있었던가
물 위에 뜨던 그 많은 빛들,
좇아서
긴 시간을 견디어 여기까지 내려와
지금은 앵두가 익을 무렵
그리고 간신히 아무도 그립지 않을 무렵
그때는 내 품에 또한
얼마나 많은 그리움의 모서리들이
옹색하게 살았던가
지금은 앵두가 익을 무렵
그래 그 옆에서 숨죽일 무렵

장석남

1965년 덕적도에서 출생했으며, 서울예술전문대 문예창작과를 졸업했다. 1987년 경향신문 신춘문예에 〈맨발로 걷기〉가 당선되었다. 시집으로 《새떼들에게로의 망명》《지금은 간신히 아무도 그립지 않을 무렵》《젖은 눈》《왼쪽 가슴 아래께에 온 통증》《미소는, 어디로 가시려는가》, 산문집으로 《물의 정거장》《물 긷는 소리》 등이 있다. 김수영문학상, 현대문학상을 수상했으며, 현재 한양여대 문예창작과 교수로 재직 중이다.

따뜻한 평화가 있는 곳
/
이기철 〈청산행〉

가늘게 흩어지는 저녁연기
생목 울타리엔 들거미줄
맨살 비비는 돌들과 함께 잠들고 싶다

용서할 줄 모르는 시간이 물처럼 흐르다

시인의 고향 마을에 들어설 때부터 뻐꾸기 소리는 내내 따라다녔다. 뻐꾸기가 잠시 숨을 고르는 사이에는 산비둘기가 울었다. 뒤란 언덕에서 대나무 잎이 바스락거리고 오래된 지붕에 와송瓦松이 솟아나는 그 기와집에는 아무도 없었다. 시인이 고등학교를 마치고 대처로 떠나기 전까지, '눈에 익은 수많은 돌멩이들의 정분을 거역'하고 '뛰는 버스에 올라 도시 속의 먼지가' 되기 전까지 살았던, 거창군 가조면 석강리 옛집이다.

"용서할 줄 모르는 시간은 물처럼 흘러갔고/ 눈 속에 묻히는 봄보리들의 침묵이 나를 무섭게 위협했을 때/ 관습의 신발 속에 맨발을 꽂으며 나는/ 눈에 익은 수많은 돌멩이들의 정분을 거역하기 시작했다./ 염소를 불러모으는 비음의 말들과/ 부피가 작은 몇 권의 국정교과서를 거역했다./ 뒷산에 홀로 누운 조부의 산소를 한 번만 바라보았고/ 그리고는 뛰는 버스에 올라 도시 속의 먼지가 되었다./ 봄이 오면 아직도 그 골의 물소리와 아이들의 자치기 소리가/ 도시의 옆구리에 잠든 나의 꿈 속에/ 배달되지 않는 엽신葉信으

로 녹아 문지방을 울리며 흐르고 있다." 〈이향離鄕〉 부분

　대구에서 현풍을 거쳐 시간 반 달려와 놓고도 시인은 옛집 가는 길을 쉬 찾지 못했다. 두어 번 헤매다가 논 사이로 난 좁은 길로 들어서자 이번에는 앞에서 털털털 경운기가 간다. 하릴없다. 산으로 둘러싸인 지형에 그나마 논물이 고인 평지가 있어 아늑했는데 산 쪽으로 길이 다시 숨어 들어간다. 모퉁이를 돌아든 경운기가 다행히 옆길로 빠져나가 숨통이 트이는가 싶었더니, 이번에는 막다른 산맥이다.

　"손 흔들고 떠나갈 미련은 없다/ 며칠째 청산에 와 발을 푸니/ 흐리던 산길이 잘 보인다./ 상수리 열매를 주우며 人家를 내려다보고/ 쓰다 둔 편지 구절과 버린 칫솔을 생각한다./ 南方으로 가다 길을 놓치고/ 두어 번 허우적거리는 여울물/ 산 아래는 때까치들이 몰려와/ 모든 野性을 버리고 들 가운데 순결해진다" 〈청산행〉 부분

가난을 이겨내던 시절

　〈청산행〉은 이기철 시인을 시단과 독자들에게 제대로 각인시킨 두 번째 시집 표제작이기도 하다. 살다보면, 그것도 도시에서 각박하게 설움에 시달리다보면, 고향 생각이 절로 나는 건 자율신경이 의지와 상관없이 치러내는 반사작용일 게다. 그 고향이 산 첩첩 물 골골 청산이었을 때, 그를 키워준 자연을 향한 그리움은 더욱 절절할 것이다. 이기철은 더구나 그 청

산을 어린 시절에 떠난 게 아니라, 고스란히 19세 청년기 초입까지 그곳에서 살다가 떠나온 것이니 그의 시구 그대로 "그 골의 물소리와 아이들의 자치기 소리가/ 도시의 옆구리에 잠든 나의 꿈 속에/ 배달되지 않는 엽신葉信으로 녹아 문지방을 울리며" 흐를 수밖에 없을 테다.

　기와집 옆으로 공터 텃밭과 밭 너머 언덕 아래 시커먼 굴이 보인다. 시인은 그곳을 가리키며 이 자리에 있던 초가집이 조카의 실

수로 불타는 바람에 부친이 어렵사리 지었던 재실(齋室)로 옮겨와 고등학교 때까지 살았다고 했다. 그 재실이 지금 돌아보는 이 기와집이다. 그는 6·25전쟁 때 교전이 심했던 이 지역에서 피란을 위해 가족이 힘을 모아 팠다는 밭 곁의 검은 입구를 가리켰다. 반세기 훌쩍 전에 파놓은 굴의 초입이 어제의 피란처럼 생생하게 검다. 그 검은 굴에 눈길을 주는데 까칠한 높은 목소리가 청각을 자극한다. 돌아보니, 등에 분무기를 짊어진 키가 작은 노파 하나가 마당에 들어서는 중이다. 그네는 "여가 어데라고 남의 집이서 함부로 사진을 찍느냐"고 나무라다가 시인이 공손하게 예전에 자신이 살던 집이라고 고하자, 목소리를 낮춘다. 여든셋이라는 그 노파는 그 집에 홀로 살고 있었다. 인근에 환갑 맞은 딸이 살고 있고, 아들은 서울의 큰 회사에서 다니는데 어머니를 모시려했지만 이곳에 홀로 사는 게 좋아 남았노라고 노파는 물어보지도 않았는데 스스로 말했다. 시인의 모친은 진즉에 대밭 넘어 언덕으로 가, 말없이 누워 있다.

거창 가조면 석강리, 시인이 나고 자란 그 마을은 전주이씨 열댓 가구가 모여 살던 곳이었다. 산맥이 병풍처럼 둘러치고 앞으로는 그리 넓지 않은 논밭이 조금 있어, 겨우 가난을 이겨내는 마을이었다. 시인은 성장기의 이곳 고향을 떠올리면 춥고 고생스러웠던 기억만 남아 있다고 말했다. 그는 도심에서 멀리 떨어진 고향까지 오지 못하는 대신, 대구 인근 비슬산 기슭에 '늘 고향 같아라'는 바람의 '여향如鄕 예원'을 지어놓고 그곳에서 시도 쓰고 제자들과 만난다.

읽을 책이라곤 교과서가 고작이었던 산골 소년에게 국어 책은 특별한 의미로 다가왔다. 그에게 교과서에 실린 소월이나 김광섭 등의 시는 지금도 달달 외우는 정서적 감응의 대상이었다. 특별히 공부를 잘했던 학생, 늘 읽을거리에 굶주렸던 시골 소년, 그가 대구로 나아가 대학을 다니면서부터 잠재돼 있던 문기文氣는 폭발하기 시작했다. 2학년 때 대학생 문예대회에서 장원을 해 처음 김춘수 시인과 만났다. 그는 성실한 문청이었다. 특별히 일탈하지는 않았으나 내연하는 서정시인이었다. 대학을 졸업하고 군대에 다녀와서는 교사를 하면서 대학원 다니랴, 꾸준히 그리운 시를 쓰랴, 늘 바쁘고 각박한 생활이었지만 옆길로 새지는 않았다. 그의 출세작은 고향을 그리는 《청산행》인데, 시의 정조는 한국적인 내용이지만 정작 그는 대학 시절 엘리엇과 발레리에 흠뻑 빠져 살았다. 그는 지금도 세계 시사에서 가장 존경하는 시인은 폴 발레리라고 서슴없이 말한다.

발레리는 철저하게 얼치기 감성을 자제하고 지성에 헌신한 주지적인 시인이었다. 자신의 의식을 투명하게 관찰하는 하나의 도구로 시를 상정했다. 그에게 시란 자기 정신의 움직임을 관찰하는 도구였고, 그 과정을 엄격하게 계산하면서 쓰는 것이 시였다. 그는 수학, 그중에서도 기하학을 좋아하는 시인이었다. 발레리가 극렬한 짝사랑의 고통 뒤에 그 감정을 다스리기 위해 이처럼 극단적인 방향으로 나아갔다는 이야기도 있다. 어설픈 감정일랑 집어치우고 고도의 정신적 단련 상태로 나아가고 싶은 욕구였다는 거다.

시란 연애보다 더 뜨거운 것

〈청산행〉의 서정시인 이기철에게도 그런 계기가 있었던 것일까. 그는 《유리의 나날》이라는, 발레리에게 헌정하는 듯한 시집을 냈다. 그는 이 시집 뒤의 산문에 "나는 '유리' 연작을 쓰면서 줄곧 폴 발레리를 생각하고 발레리가

시를 버리고 기하학에 몰두했던 때의 심경을 생각했다"며 "나의 정신이 고도로 단련된다면 얼마만한 높이에까지 도달할 수 있을 것인가 하는 것을 이 연작을 통해 시험하려 했던 것"이라고 적었다.

"내 이제 조그맣게 고백하노니/ 나는 꽃보다는 누추하게 살아왔고/ 먼지보다는 깨끗하게 살아왔다/ 별빛보다는 어둡게 살아왔고/ 뻘물보다는 정결하게 살아왔다// 순수를 향해 경배하던 오랜 시간들/ 명징을 위해 손 모으던 무수한 기도들// 그러나 무지개를 보면 나는 너무 누추하게 살아왔고/ 폭포를 보면 나는 너무 안개처럼 살아왔다/ 이슬을 보면 나는 너무 뻘물로 살아왔고/ 유리를 보면 나는 너무 진흙으로 살아왔다"〈유리琉璃에게 묻노니〉부분

그는 지금 생각해보니 그 시절은 '지적인 허영심'이 승했던 것 같다고 말했다. 그렇다고 후회는 하지 않지만 그리 좌충우돌하느니, 차라리 한국 시인들의 정조에 파묻혀 '청산행'을 이어왔으면 더 좋지 않았을까 생각한다. 하지만 그가 써온 시들을 죽 늘어놓고 보면 그리 멀리 돌아온 길은 아닌 듯싶다. 결국 그가 가고 싶고 돌아가고 싶은 곳은 청산 같은, 정신의 열대 같은, 따뜻한 평화와 생명과 위로가 깃든 그 영원한 공간이 아니겠는가.

"내 정신의 열대, 먹라를 건너가면/ 거기 슬플 것 다 슬퍼해본 사람들이/ 고통을 씻어 햇볕에 널어두고/ 쌀 씻어 밥 짓는, 마을 있으리/ (…) 저녁의 고전적인 옷을 벗기고/ 처녀의 발등 같은 흰 물결 위에/ 살아서 깊어지는 노래 한 구절 보탤 수 있으리/ 오래 고

통을 잠재우던 이불 소리와/ 아플 것 다 아파 본 사람들의 마음 불러모아/ 고로쇠숲에서 우는 청호반새의 노래를/ 인간이 가진 가장 아름다운 말로 번역할 수 있으리/ 내 정신의 열대, 먹라를 건너가면" 〈정신의 열대〉 부분

처음에는 뜨악한 표정으로 경계하던 노파가 일행을 불러 음료수라도 마시고 가라고 강권한다. 하릴없이 설탕물 같은 노란 시골 음료를 마시고 마당을 나서는데 시인은 뒤에 처져 노인에게 옛사람의 안부를 물었다. 윗마을에 살던 여학생 하나가 시인의 집 들창에 돌멩이를 던져 자신이 내려왔다고 기별을 하곤 했단다.

"물레방앗간 뒤쪽에 비비새가 와서 울면/ 간호원을 하러 독일로 떠난 여자 친구의 항공엽서나 기다리며/ 느린 하학종을 울리는 낙엽송 교정에서/ 잠처럼 조용한 풍금 소리를 듣는 2급정교사가 되어 살려고 생각했다"던 〈이향〉의 그 여인이다. 시인은 세월이 흘러 미국에 교환교수로 갔을 때 그 여인을 만났다는데, 그는 추억 속, 특히 소년소녀 시절에 만났던 연인은 다시 만나서는 안 될 일이라고 웃으며 말했다. 그는 짐짓 그네의 뚱뚱해진 늙은 외모 탓을 했지만, 영원히 늙지 않는 세월의 속살을 그가 모른다고 잡아떼지는 못할 테다.

그는 "시라는 게 참 매몰차서 찾아가면 도망가고 포기하면 곁에 와서 잠을 깨우는, 사람의 연애보다 더 뜨거운 것"이라며 "아직 최후의 명작은 못 내놓았는데 안 될지도 모르지만 단 한 편이라도

지금까지 쓴 것보다 나은 작품을 남기고 싶다"고 간절한 표정으로 말했다.

"열 줄만 쓰고 그만두려 했던 시를/ 평생 쓰는 이유를 묻지 말아라// 내가 편지에,/ 잘못 살았다고 쓰는 시간에도/ 나무는 건강하고 소낙비는 곧고/ 냇물은 즐겁게 흘러간다.// 꽃들의 냄새가/ 땅 가까운 곳으로 내려오고/ 별들이 빨리 뜨지 못해서 발을 구른다./ 모든 산 것들은 살아 있으므로 생이 된다" 〈느리게 인생이 지나갔다〉 부분

청산행

손 흔들고 떠나갈 미련은 없다
며칠째 청산青山에 와 발을 푸니
흐리던 산山길이 잘 보인다.
상수리 열매를 주우며 인가人家를 내려다보고
쓰다 둔 편지 구절과 버린 칫솔을 생각한다.
남방南方으로 가다 길을 놓치고
두어번 허우적거리는 여울물
산 아래는 때까치들이 몰려와
모든 야성野性을 버리고 들 가운데 순결해진다.
길을 가다가 자주 뒤를 돌아보게 하는
서른 번 다져 두고 서른 번 포기했던 관습慣習들
서西쪽 마을을 바라보면 나무들의 잔 숨결처럼
가늘게 흩어지는 저녁 연기가
한 가정의 고민의 양식으로 피어오르고
생목生木 울타리엔 들거미줄
맨살 비비는 돌들과 함께 누워
실로 이 세상을 앓아 보지 않은 것들과 함께 잠들고 싶다.

이기철

　　1943년 경남 거창에서 출생했으며, 영남대학교 국문과를 졸업했다. 1972년 《현대문학》에 〈5월에 들른 고향〉 등이 추천되어 문단에 데뷔했다. 1976년부터 《자유시》 동인으로 활동했으며 현재 영남대 국문과 명예교수이다. 시집으로 《청산행》《지상에서 부르고 싶은 노래》《열하를 향하여》《유리의 나날》《내가 만난 사람은 모두 아름다웠다》, 장편소설 〈리다에서 만난 사람〉, 에세이집 《손수건에 싼 편지》, 비평집 《시를 찾아서》《인간주의 비평을 위하여》, 동시집 《나무는 즐겁다》 등이 있다. 김수영문학상, 시와시학상, 최계락문학상 등을 수상했다.

소멸을 향해가는 시간의 발소리
/
나희덕 〈와온에서〉

하늘·바다·뻘 세 개의 해……
오늘 저 해를 내가 훔쳐간다

늠름한 일몰   그네의 시는 대체로 아늑하고 따뜻해서, 혹은 슬퍼서, 어두워지는 골목길을 돌아 십오 촉 전구가 깜박거리는 누옥으로 들어서는 느낌이다. 거기, 헐겁고 지붕이 낮은 그 집에 '일몰'이 산다. 그네에게 일몰이란, '밝지도 어둡지도 않은 어스름'이란, '소멸을 향해 걸어가는 시간의 발소리'를 듣는 그 저녁이란, '시간의 연대기적 순서에서 해방된' 영원한 찰나이기도 하다. 나희덕의 시에서 이 일몰의 풍경은 여러 번 변주되거니와 최근에 내놓은 다섯 번째 시집 《야생사과》에 수록된 〈와온에서〉는 그중에서도 가장 진화된 늠름한 일몰이다.

"산이 가랑이 사이로 해를 밀어넣을 때,/ 어두워진 바다가 잦아들면서/ 지는 해를 품을 때,/ 종일 달구어진 검은 뻘흙이/ 해를 깊이 안아 허방처럼 빛나는 순간을 가질 때,// 해는 하나이면서 셋, 셋이면서 하나// 도솔가를 부르던 월명노인아,/ 여기에 해가 셋이나 떴으니 노래를 불러다오/ 뻘 속에 든 해를 조금만 더 머물게 해다오" 〈와온에서〉 부분

네가 나의 뿌리였을 때

신라 경덕왕 시절 어느 날, 해가 둘이나 나타나 열흘 동안 없어지지 않는 변괴가 일어나자 월명노인이 도솔가를 불러 다시 해를 하나로 만들었다는 설화가, 와온에서도 되풀이된다. 일몰의 와온에, 하늘과 바다와 뻘에 해가 셋이나 떴으니 월명노인을 불러 도솔가를, 그것도 한참 길게 정성을 들여 부르게 할 일이다.

일몰의 낙조 풍경으로 소문난 전남 순천시 해룡면 와온 마을. 뒷산이 소가 누워 있는 형상이라 하여 와온臥溫이라는 이름이 붙었다는데, 이름의 울림만으로도 시적이다.

이곳 와온의 일몰을 보기 위해 오후 4시 무렵, 나희덕 시인과 순천역에서 만났다. 그 시간에 곧바로 와온에 가면 해가 지기까지 한참 기다려야 하는 애매한 시간이었다. 운전대를 잡은 시인은 여수 방향 이정표를 보더니 향일암에 들렀다가 와온으로 돌아오는 건 어떤지, 물었다.

"다친 발목을 끌고 향일암 가는 길/ 그는 여기 없고/ 그의 부재가 나를 절뚝거리게 하고/ 가파른 돌계단을 오르는 동안/ 절뚝,절, 뚝,"으로 이어지는 시편도 이번 시집에 나온다. 순천과 여수가 그 정도로 가까운지는 미처 몰랐다. 그러니까 그녀와의 대화는, 생각보다 멀었던 향일암까지 갔다가 어둑한 와온 해변까지 돌아오는 그 긴 시간의 차 안에서, 그것도 내내 운전석의 시인에게 조수석에서 질문을 던지고 답변을 듣는 방식이었다.

소멸을 향해 가는 시간의 발소리

"깊은 곳에서 네가 나의 뿌리였을 때/ 나는 막 갈구어진 연한 흙이어서/ 너를 잘 기억할 수 있다/ 네 숨결 처음 대이던 그 자리에 더운 김이 오르고/ 밝은 피 뽑아 네게 흘려보내며 즐거움에 떨던/ 아, 나의 사랑을// 먼 우물 앞에서도 목마르던 나의 뿌리여/ 나를 뚫고 오르렴/ 눈부셔 잘 부스러지는 살이니/ 내 밝은 피에 즐겁게 발 적시며 뻗어가려무나// 척추를 휘어접고 더 넓게 뻗으면/ 그때마다 나는 착한 그릇이 되어 너를 감싸고/ 불꽃 같은 바람이 가슴을 두드려 세워도/ 네 뻗어가는 끝을 하냥 축복하는 나는/ 어리석고도 은밀한 기쁨을 가졌어라" 〈뿌리에게〉 부분

불과 스물셋의 청춘에 웅숭깊은 뿌리의 정서로 시단에 나선 나희덕은 이후 모성과 단정함과 절제된 이미지로 평가받는 시를 써왔다. 젊고 싱싱한 그이에게서 쏟아지는 시는 아늑하지만 성찰의 기운이 지배적이고, 따뜻하지만 쓸쓸해서 깊은 것들이었다. 시를 제쳐두고라도, 심지어 어떤 시인은 여행지에서 우연히 만나 함께 돌아다니다가 "박완서 할머니와 지낸 것 같다"며 그를 보냈다고 했다. 무엇이 그를 일찍 깊게 만들었을까.

그는 지금 조선대 문예창작과 교수로 살고 있는데, 전화 한 통만 받고 광주역에서 이력서를 작성해 면접장에 간 뒤 교수로 '취직'했다고 한다. 국내 대학에서는 보기 힘든 투명하고 공정한 교수 선발 방식이 나희덕에게 적용된 경우였는데, 그 당시 그녀는 인생 최대의 시련을 이겨나가는 중이어서 더욱 빛을 발하는 미덕이었다. 아무리

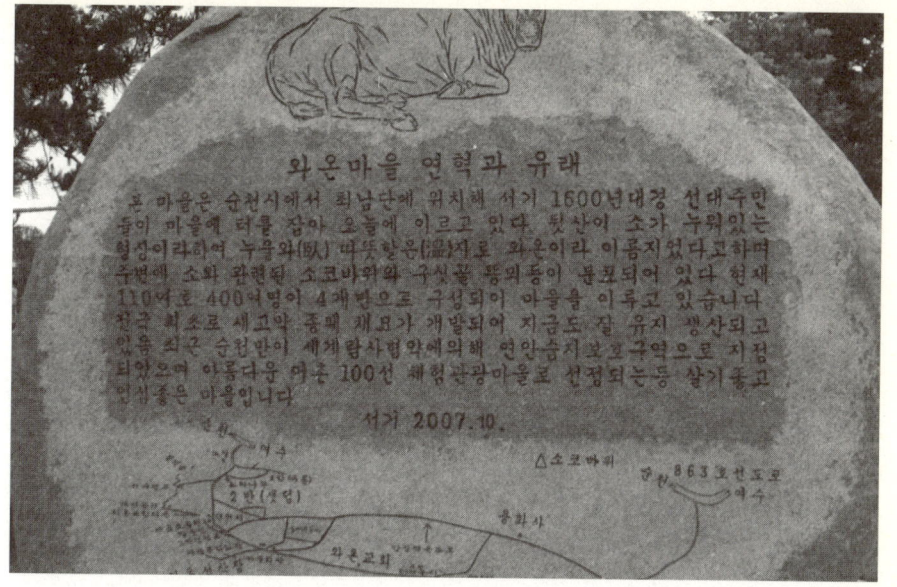

그러하더라도, 조직생활에 적응하느라 힘들지는 않았는지 물었다. 그네는 낯선 사람들이나 조직에 적응하는 건 일도 아니라고 했다. 보육원에서 태어나 대학에 갈 때까지 20년을 그곳에서 살았다는 말을 듣고서야 내 질문이 부적절했음을 알았다. 나희덕의 엄마는 그네가 태어날 때부터 보육원을 관리하는 총무로 일했다. 어머니는 보육원의 수많은 고아들과 자신의 딸을 동등하게 대했다. 그래서

"자식이 너무 많으신 우리 어머니/ 나의 어머니라고 고집부리고 나면/ 왠지 미안해지는 우리 어머니"였다.

"뿌리뽑힌 줄도 모르고 나는/ 몇줌 흙을 아직 움켜쥐고 있었구나/ 자꾸만 목이 말라와/ 화사한 꽃까지 한무더기 피웠구나/ 그것이 스스로를 위한 弔花인 줄도 모르고// 오늘밤 무슨 몰약처럼 밤비

가 내려/ 시들어가는 몸을 씻어내리니/ 달게 와닿는 빗방울마다/ 너무 많은 소리들이 숨쉬고 있다// 내 눈에서 흘러내린 붉은 진물이/ 낮은 흙 속에 스며들었으니/ 한 삼일은 눈을 뜨고 있을 수 있겠다// 저기 웅크린 채 비를 맞는 까치는/ 무거워지는 날개만큼 말이 없는데/ 그가 다시 가벼워진 깃을 털고 날아갈 무렵이면/ 나도 꾸벅거리며 밤길을 걸어갈 수 있겠다// 고맙다, 비야. ……고맙다. ……고맙다…….〞〈몰약처럼 비는 내리고〉 전문

터지는 비명이 그대로 시가 되었다는, 세 번째 시집 《어두워진다는 것》에 수록된 시편이다. 그네가 아무리 힘들어도 낮은 자세로 포복하며 자학적으로 비를 맞으며 고맙다고 되뇌일 수 있는 태도의 근인은, 낮고 외로운 자들과의 동류의식에다 어머니의 기독정신이 합류한 결과 같다. 시인의 엄마는 일찍이 부산사범학교를 다니던 수재였는데 기독교에 심취해 산속의 공동체로 들어갔고, 그곳에서 아버지와 만났다. 아버지는 "어머니의 방 앞에 널려 있는 빨래가 어찌나 눈부시게 희던지 거기에 마음이 끌렸다"고 했다. 어쨌든 그런 부모 밑에서, 그것도 낮은 보육원에서 성장한 시인이었기에, 그네의 시에서 헌신과 모성과 따뜻함을 감추기는 힘들었을 테다. 물론, 나희덕의 시를 그의 성장배경으로 이리 간단히 해명하는 건 폭력일 수 있지만 그네의 시를 형성한 큰 밑그림으로는 유효하다.

저 해를 오늘은 내가 훔치다

여수가 지척인 줄 알았는데 정작 향일암은 한참 멀다. 이미 들어선 길, 돌아가자니 아쉽고 향일암까지 갔다가 와온으로 가자니 해가 질 것 같아 난감하다. 시인은 "내가 하는 일이 늘 이렇다"고 자조했고, 조수는 짐짓 "괜찮다"는 말을 연발했다. 우리는 숨 가쁘게 향일암에서 사진 몇 장 찍고 내려와 와온을 향해 다시 달려 나갔다. 지는 해를 따라가는 형국인데, 빨리 가서 떨어지는 해를 받아내기에는 도로가 너무 막힌다.

5년 만에 새 시집을 내면서 그는 인터뷰할 때마다 "이제는 달라지겠다"고 선언했는데, 어느 매체는 이를 받아 "모범생 스타일에서 벗어나겠다"고 썼다. 하지만 그네는 "나는 절대로 모범생은 아니다"며 "남들이 그렇게 보았을 뿐"이라고 강변했다.

사실, 어떤 선배는 20대 때 자신의 별명을 '전도 부인'이라고 지어주었다고 했다. 까만 가방을 들고 까만 구두만 신으면 영락없는 전도사처럼 보일 거라고 놀린 거였다. 그네의 시가 윤리적이고 희생적인 내용인 데다, 구조나 정서적으로 일탈과 파괴가 아니라 수용하고 반듯하게 정리하는 세계여서 그렇게 받아들이는 것도 무리는 아니라고 했다. 시는 그러할지 모르지만, 그네 자신은 절대 모범생이 아니라고 고개를 흔든다.

초등학교 5학년 때 본드를 흡입해본 적이 있다고 했다. 잘 알지도 못하면서 하굣길에 우연히 동참한 이벤트였다. 그런가 하면 여학생 남학생 분리된 방에 들어갔다가 남녀의 다리가 합쳐진 침대도 일찍이 보아버렸다. 수돗가에서 달밤에 병을 깨뜨리며 싸우는 보육원 아이들도 자다가 일어나 보았다. 나희덕에게 이러한 체험은 어둠을 껴안게 만드는 동력이기는 할망정, 스스로 어둠 속으로 스며들게 만드는 계기는 아니었다.

어머니와 아버지의 기독정신, 그들의 사랑이 품어낸 온기의 힘이 었을까. 그네는 "사유의 질서가 너무 완강해 우연이 끼어들 틈이 없는 거는 명징해지는 장점도 있지만 다른 데로 튀어나갈 틈이 없다"며 "내 시가 읽힐 수 있고 소통하는 힘이 거기에 있었던 건 사실인데 이제 실패할 수 있겠지만 그 구조에서 일탈하고 싶다"고 말한다. 그는 "윤리적 자아가 완강하고, 서정시 전통에 너무 익숙하게 길들여져 쓰기만 하면 시가 그럭저럭 되는 상태를 깨뜨려야 하는 게 과제"라며 "남들은 20대에 좌충우돌하면서 모험도 하다가 나이가 들면서 안정된 세계로 나아가는데 나는 오히려 반대"라고 씁쓸하게 웃었다.

어렵게 와온에 당도했지만 해는 이미 사라졌고, 뻘에는 밀물이 가득해 석양의 정조는 애당초 찾아볼 수 없는 지경이다. 시인은 미안해하면서 예전에 와서 찍은 와온의 석양 사진을 보내준다고 했다. 미안할 것 없다. 그네가 훔쳐간 해만 내놓으면 될 일이다.

"저녁마다 일몰을 보고 살아온/ 와온 사람들은 노래를 부르지 않는다/ 떨기꽃을 꺾어 바치지 않아도/ 세 개의 해가 곧 사라진다는 것을 알기에/ 찬란한 해도 하루에 한번은/ 짠물과 뻘흙에 몸을 담근다는 것을 알기에/ 쪼개져도 둥근 수레바퀴,/ 짜디짠 내 눈동자에도 들어와 있다/ 마침내 수레가 삐걱거리며 굴러가기 시작한다// 와온 사람들아,/ 저 해를 오늘은 내가 훔쳐간다" 〈와온에서〉 부분

와온에서

산이 가랑이 사이로 해를 밀어넣을 때,
어두워진 바다가 잦아들면서
지는 해를 품을 때,
종일 달구어진 검은 뻘흙이
해를 깊이 안아 허방처럼 빛나는 순간을 가질 때,

해는 하나이면서 셋, 셋이면서 하나
도솔가를 부르던 월명노인아,
여기에 해가 셋이나 떴으니 노래를 불러다오
뻘 속에 든 해를 조금만 더 머물게 해다오

저녁마다 일몰을 보고 살아온
와온 사람들은 노래를 부르지 않는다
딸기꽃을 꺾어 바치지 않아도
세 개의 해가 곧 사라진다는 것을 알기에
찬란한 해가 곧 사라진다는 것을 알기에
찬란한 해도 하루에 한번은
짠물과 뻘흙에 몸을 담근다는 것을 알기에

쪼개져도 둥근 수레바퀴

와온 사람들아,
저 해를 오늘은 내가 훔쳐간다

나희덕

1966년 충남 논산에서 출생하여, 연세대학교 국문과와 동대학원을 졸업했다. 1989년 중앙일보 신춘문예에 시 〈뿌리에게〉가 당선되어 등단했다. 김수영 문학상, 이산문학상, 김달진문학상, 오늘의 젊은예술가상, 현대문학상 수상했다. 시집으로 《뿌리에게》《그 말이 잎을 물들였다》《그곳이 멀지 않다》《사라진 손바닥》《야생사과》, 산문집으로 《반 통의 물》, 시론집 《보랏빛은 어디에서 오는가》 등이 있다. 《시힘》 동인이며 조선대 문예창작과 교수로 재직 중이다.

아득한 지평을 향한 생生
/
박형준 〈빛의 소묘〉

아늑한 들녘에 내리는 맑은 비는 우수를 빚어내고

별들이 뜨고 지던 시절   들녘은 아늑하다. 도회지에서 쫓겨 살 때는 까맣게 잊었다가도 정작 그곳에 내려가면 누군가 오래 기다리다 깊이 안아주는 것 같다. 그 들녘을 굽어보는 정토산의 치맛자락 말기, 전북 정읍시 정우면 산북리에 박형준 시인의 옛집이 있다. 산 중턱 정토사에서 내려다본 시인의 마을 너머로 호남선 열차들이 들녘을 바쁘게 오르내린다. 요사채에서 피아노 치는 소리가 들리다가 끊어지고, 다시 이어진다. 절집과 피아노와 들녘, 어울릴 것 같지 않으면서도 묘하게 서로 스며드는 분위기다. 북쪽에서는 폭우가 쏟아지고 있다는데 남쪽 들녘은 어둑할 뿐 빗방울이 보이지 않는다.

"소 잔등에 올라탄 소년이/ 뿔을 잡고 꾸벅꾸벅 졸고 있다./ 땅거미 지는/ 들녘./ 소가 머리를 한번 흔들어/ 소년을 깨우려 한다./ 수숫대 끝에 매달린 소 울음소리/ 어둠이 꽉 찬 들녘이 맑다./ 마을에 들어서면/ 소년이 사는 옴팍집은/ 불빛이 깊다./ 소는 소년의 숨결에 따라/ 별들이 뜨고 지는 계절로 들어선다." 〈옛집으로 가는 꿈〉 전문

'별들이 뜨고 지는 계절'로 떠오르는 들녘의 삶은 낭만적이다. 하지만 이런 기억은 멀리 떨어진 세월이어서 아름답게 채색된 것일 뿐 정작 시인은 그 시절, 그 들녘을 떠나 '출세'해서 절에서 내려다

보이는 넓은 땅덩이를 다 사고 싶었다. 그는 정토산을 돌아 남쪽으로 내려간 곳에 자리 잡은 정우초등학교에 다니면서 줄곧 1등을 놓치지 않은 수재였다. 그 학교 5학년 때 들녘을 떠났다. 그가 떠날 때, 선생님과 아이들이 교문 밖까지 따라 나와 배웅했다. 시인은 지금도 그때를 뿌듯했던 생의 빛나는 순간으로 떠올린다.

겨울밤의 환각

그는 집 부근 공동묘지 곁에 있는 밭뙈기 몇 평과 멀리 김제 죽산 쪽에 논을 몇 마지기 지니고 있던 집안의 2남6녀 중 막내아들로 태어났다. 이른바 '옴팍집'이라고 시인이 많은 시에서 기억하는 단칸 초가집에서 할머니까지 모시고 그들은 살았다. 어김없이 따라붙을 수밖에 없는 가난이라는 단어를, 그때는 의식하지 못했다. 그곳을 떠난 뒤에서야, 서울역에서 내려 인천으로 가는 전철 안에서 예감하고 수문통 거리에서 드디어 '가난'을 발견했다.

"석유를 먹고 온몸에 수포가 잡혔다./ 옴팍집에 살던 때였다./ 아버지 등에 업혀 캄캄한/ 빈 들판을 달리고 있었다./ 읍내의 병원은 멀어,/ 겨울바람이 수수깡 속처럼 울었다./ 들판의 어디쯤에서였을까,/ 아버지는 나를 둥근 돌 위에 얹어놓고/ 목의 땀을 씻어내리고 있었다.// 서른이 넘어서까지 그 풍경을/ 실제라고 믿고 살았다./ 삶이 어렵다고 느낄 때마다/ 들판에 솟아 있는 흰 돌을/ 빈 터처럼 간직하며 견뎠다./ 마흔을 앞에 두고 나는 이제 그것이,/ 내 환각이 만들어낸 도피라는 것을 안다./ 달빛에 바쳐진 아이라고,/ 끝없는 들판에서 나는 아버지를 이야기 속에 가둬/ 내 설화를 창조하였다./ 호롱불에 위험하게 흔들리던/ 옴팍집 흙벽에는 석유처럼 家系가/ 속절없이 타올랐다./ 지평을 향한 生이 만든/ 겨울밤의 환각." 〈地平〉 전문

호남선을 타고 먼저 올라간 형과 누나에게 가겠다고 부모를 졸라 일찌감치 고향을 떠났던 시인. 그가 당도한 곳은 비가 오면 하수구로 바닷물이 역류하는 인천의 수문통 거리였다. 서울역에 내려 대우빌딩의 빛나는 유리창들을 올려다보며 하냥 부러웠던 소년은 저런 유리창이 달린 집을 짓고 살리라 다짐하다가 전철이 역곡을 지나 고향보다 더 초라해 보이는 시골 철길을 달려 내려갈 때 기실 절망해 버렸다.

옛집이 있던 고샅을 걸어 나오는데 마을 노파가 어머니의 안부를 시인에게 묻는다. "밥이라도 제대로 드시는가? 누가, 어떻게 떠너주어? 화장실도 혼자 못 가는가?" "쪼끔씩 움직이시기는 허는디요…." 혼자서 고향에 남아 있다가 몸이 불편해져서야 아들 집으로 올라간 시인의 노모가 노파는 그리워서, 시인이 공손하게 어머니의 안부를 전하는데도 여전히 미진한 표정이다. 노파의 등 뒤로 달려가던 호남선이 배롱나무 밭 사이로 사라진다. 목백일홍 붉은 빛이 호남선을 덮어버렸다.

배롱나무 옆 철길 너머에 대궐 같은 기와집이 있었다고 했다. 읍내에서 이불가게를 운영하는 부잣집 남정네가 오토바이를 타고 그 기와집 쪽으로 철길을 건너다가 기차에 치여 죽었는데, 나중에 무당이 굿을 하면서 죽은 남자 대신 말하기를, 철길 저쪽에서 기차가 상여처럼 느리게 다가오는데 그 꽃상여 위에 예쁜 여인네가 걸터앉아 자꾸 어서 오라고 손짓을 하더란다. 어린 시절에 느꼈던 죽음은 무서우면서도 아름다웠다.

저녁의 무늬

배롱나무 곁에 내려가 포즈를 취하는 시인이 파인더 속에서 환하게 웃는다. 웃지만, 쉬 사라지지 않을 것 같은 그늘이 그의 얼굴에 깊은 주름살로 음각돼 있다. 시인은 고향 '정우면'의 '정우'는 우물 井 자에 비 雨 자를 쓴다고 일러주면서, 우물에 비가 새는 정우에서 올라왔는데 인천에서는 하수구로 바닷물이 올라오더라고, 존재의 바탕색 '정우'에 대해 우울하게 언급했다.

"한 달에 한번 시골에서 올라와/ 밀린 빨래와 밥을 해주고/ 시골 밭 뒤 공동묘지 앞에 서 있는 아그배나무처럼/ 울고 있는 여인./ 어머니가 기도하는 자식은 망하지 않는다,/ 가슴을 찢어라 그래야 네 삶이 보인다,고/ 올라올 때마다 일제시대 언문체로 편지를 써놓고 가는/ 가난한 여인, 새벽 세시에 아들은/ 혼자 화투패를 쥐고 내려다보는 것이다." 〈바닥에 어머니가 주무신다〉 부분

산문집《저녁의 무늬》에서 "젊은 시절 심장병을 다스리느라고 소다가루 아홉 말을 먹었지만 지금도 울화가 치밀면 가슴에 울울짐, 울음이 연기처럼 나는 병을 앓는 어머니"라고 썼던 그 어머니는 아들 집에 올라왔다 내려갈 때면 부엌에 언문 편지를 써놓곤 했다. "형준아 어머니가 너 잠자는데 깨수업서 그양 간다 밥잘 먹어라 건강이 솟애내고 힘이 잇다"로 이어지는 길고 긴 글들을 모아놓으니 시집 한 권 분량은 너끈하다.

인천에서 중학교를 거쳐 고등학교로 진학하면서 그는 일찌감치 좌절했다. 운동부 아이들과 뒤에서 성적을 다투었다. 중학교 1학년 때 담배를 피웠고, 고등학교 때는 외진 문예반 교실에 술을 감춰놓고 쉬는 시간에 홀로 마셨다. 보들레르가 좋았다. 우아하게 산책하면서 시를 쓰는 분위기가, 수문통의 가난을 잠시 덮어주었다. 시를 쓰면 마취되는 기분이었다. 대학을 졸업하고 군대에 다녀와서도 시를 쓴다고 배를 깔고 엎드려 있는 막내아들 곁에서 어머니가 고구마 순을 다듬으며 잘사는 친척 얘기를 늘어놓았다. 애써 외면하다가 무심코 어머니의 잔소리를 여백에 받아 적은 게, 신춘문예 당선작으로 뽑혔다.

"얼마 전에 졸부가 된 사람이 있다/ 그 사람은 나의 외삼촌이다/ 나는 그 집에 여러 번 초대받았지만/ 그때마다 이유를 만들어 한 번도 가지 않았다/ 어머니는 방마다 사각 브라운관 TV들이 한 대씩 놓여 있는 것이/ 여간 부러운 게 아닌지 다녀오신 얘기를 하며/

시장에서 사온 고구마 순을 뚝뚝 끊어 벗겨내실 때마다/ 무능한 나의 살갗도 아팠지만/ 나는 그 집이 뭐 여관인가/ 빈방에도 TV가 있게 하고 한마디 해주었다" 〈가구의 힘〉 부분

고향에 내리지 못하는 이의 이별 배롱나무 밭에서 나와 신태인읍으로 가는 들판 길로 나아간다. 들녘의 속살을 헤집고 흐르는 동진강 위로 철교가 길게 지나간다. 그 철교 위를 걷던 아

버지가 기차를 피해 강으로 뛰어들기도 했다고 시인은 말했다. 바로 마을 곁으로 호남선 기차가 줄기차게 오르내리는 곳이어서, 마을 아이들은 일찍이 가출을 하곤 했다. 늘 달려가고 달려오는 철길가에선, 아무도 오래 머무르지 못한다. 멀리 달려간 곳의 끝에 자리 잡고 있을 세상에 대한 그리움은 가출의 숙명을 배태할 수밖에 없었다.

시인으로 이름을 날리게 된 것도 '출세'에 속하는가. 시인은 쑥스러워 선뜻 답을 하지 못하지만, 그 고향마을은 시인으로 인하여 신문에 나는 것이니, 어린 시절 고향을 떠날 때 했던 다짐의 반은 이룬 셈이다. 한때 광주에 자리 잡은 대학에 매주 강사로 출강하면서 용산역에서 기차를 타고 내려갈 때마다 고향 마을을 스친 적이 있다. 그때 그는 아직 '흰 날개'를 달지 못해 '고향에 와도 고향에 내리지 못하는 이의 이별'에 대해 썼다.

"일주일에 한번씩 고향을 스치는/ 이 길/ 명예는 흰 날개를 갖지 못한다// 아침 일찍 용산역에서 기차 타고/ 아이들 앞에서 서려 책에 밑줄 긋다가 잠이 든다/ 누가 흔들어 깨운 것 아닌데 눈이 떠지는 마음// 고향역 가로등 밑 거미줄에/ 안개가 짜놓은 구슬을 설핏 본 것 같다/ 汽笛이 고향집 담벼락을 울리는가// 월요일마다 고향을 아침저녁 차창으로 본다/ 흰 날개가 부질없이 와서 부서진다/ 고향에 와도 고향에 내리지 못하는 이의 이별" 〈이별〉 전문

옛집 마을의 지명조차 우물에 비가 새는 '정우井雨'라고 시인은

기억했는데 나중 서울에 올라와 확인한 바로는 시인의 오래 된 오해였다. 정읍시사井邑市史에는 분명히 정우淨雨라고 적혀 있었다. 맑을 淨, 비 雨라니, 맑은 비라니……. 정토의 산 아래 내리는 비가 우수를 빚어내고 맑은 기운이 그를 청명하게 감싸고 키워냈으니, 과연 이런 존재의 바탕색이 아니었다면 이렇듯 빛을 소묘할 수 있었을까.

"누가/ 발자국 속에서/ 울고 있는가/ 물 위에/ 가볍게 뜬/ 소금쟁이가/ 만드는/ 파문 같은// 누가/ 하늘과 거의 뒤섞인/ 강물을 바라보고 있는가/ 편안하게 등을 굽힌 채/ 빛이 거룻배처럼 삭아버린/ 모습을 보고 있는가,/ 누가/ 고통의 미묘한/ 발자국 속에서/ 울다 가는가" 〈빛의 소묘〉 전문

'그는 그날 저녁 궁극에는 언어를 무용하게 부리고 싶고 말했다' 까지 쓰다가 시인의 오랜 오해를 서둘러 풀어주고 싶어 전화기를 들었다. 창밖으로 맑은 비가 들이친다.

빛의 소묘

누가
발자국 속에서
울고 있는가
물 위에
가볍게 뜬
소금쟁이가
만드는
파문 같은

누가
하늘과 거의 뒤섞인
강물을 바라보고 있는가
편안하게 등을 굽힌 채
빛이 거룻배처럼 삭아버린
모습을 보고 있는가,
누가
고통의 미묘한

발자국 속에서
울다 가는가

박형준

1966년 전북 정읍에서 출생하여, 서울예대 문예창작학과를 졸업하고 명지대 문예창작과 대학원 박사과정을 수료했다. 1991년 한국일보 신춘문예에 〈가구家具의 힘〉이 당선되어 등단했다. 24회 소월시문학상, 1회 꿈과시문학상, 15회 동서문학상을 수상했으며, 시집으로《나는 이제 소멸에 대해서 이야기하련다》《빵냄새를 풍기는 거울》《물속까지 잎사귀가 피어 있다》《춤》, 산문집으로《저녁의 무늬》《아름다움에 허기지다》등이 있다.

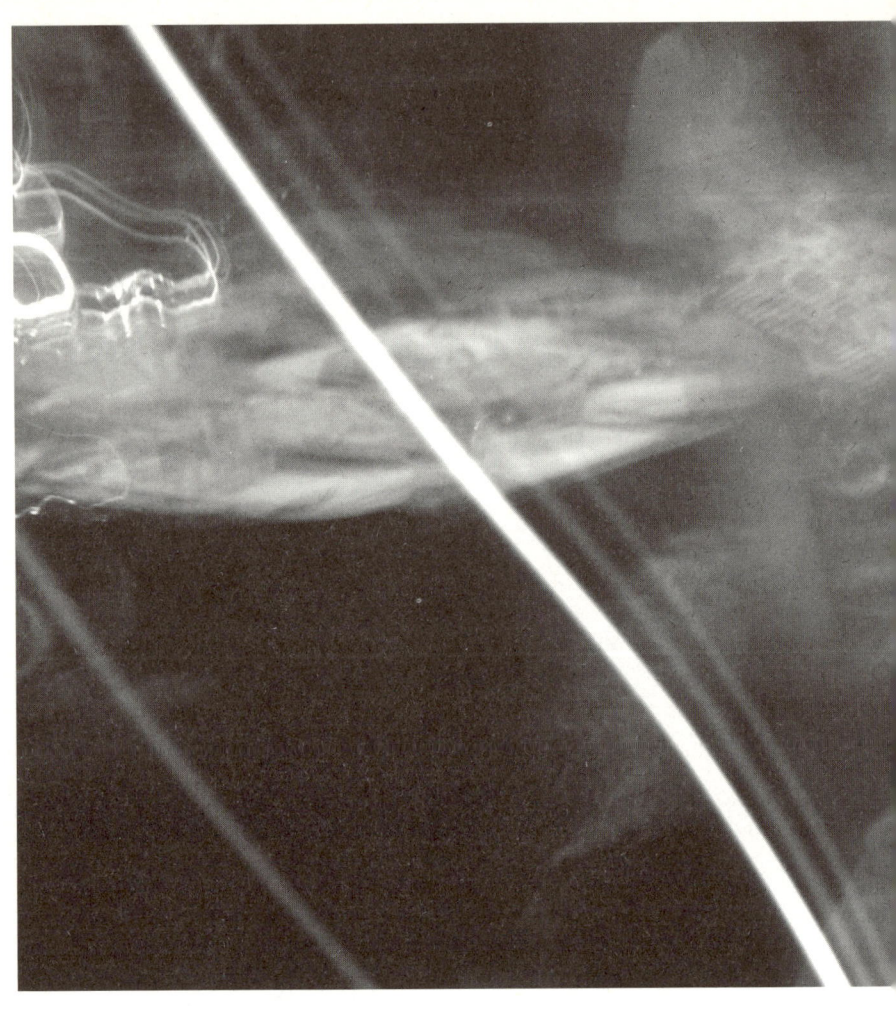

죽음으로부터의 자유를 갈망하다

／

최승호 〈반딧불 보호구역〉

시인을 평생 억누르는 외로움 …… 죽음 ……
생명이 숨 쉬는 명지산은 '치유의 공간'

회저의 시간

최승호 시인의 몸과 마음이 지극히 피폐해졌을 때 경기 가평군 북면 명지산 자락이 그를 품에 안고 상처를 쓸어주며 생명의 원기를 회복시켜주던 시절이 있었다. 대학 시절에는 폐결핵에 걸려 몸을 치유하기 위해 찾아들었고, 이후 세월이 흘러 '회저의 시간'을 통과하던 무렵에는 심화를 다스리기 위해 다시 그곳에 갔다. 명지산 가슴패기 비포장 길 옆 비탈 밭에 자리 잡은 외할머니 집이었다. 이곳에 머무르며 부근 산길을 산책하면서 나무와 풀과 벌레와 꽃들과 일일이 눈을 맞추었다. 시인은 그동안 너무 많이 자신의 이야기만 시에 풀어낸 것 같아 미안해서, 말 못하는 그것들로만 시집을 채울 생각을 했다. 그리하여 햇빛을 본 시집이 1995년에 출간된 《반딧불 보호구역》인데, 아직까지도 한국 생태시의 대표적인 텍스트로 각광받고 있다. 절판되었던 이 시집은 최근 출판사를 옮겨 다시 출간했다.

"짐짝을 등에 지고 날거나, 헬리콥터처럼 짐짝을 매달고 날아가는 나비를, 나는 본 적이 없다. 나비는 바늘처럼 가벼운 몸 하나가 있을 뿐이다. 몸 하나가 전 재산이다. 그리고 무소속이다. 그래서 나비는 자유로운 영혼과 같다. 무소유無所有의 가벼움으로 그는 날아다닌다. 꽃들은 그의 주막이요, 나뭇잎은 비를 피할 그의 잠자리다. 그의 생은 훨훨 나는 춤이요, 춤이 끝남은 그의 죽음이다. 그는 늙어 죽으면서 바라는 것이 없다. 바라는 것이 없기 때문에 죽을 때에도 그는 자유롭다."〈나비〉

재출간 시집에 수록된 시들은 쉼표나 마침표까지도 예전 그대로 유지했다. 지나온 흔적을 고친다는 게 예의가 아니라는 생각에서였다. 편집자의 요청으로 맨 앞에 〈이것은 죽음의 목록이 아니다〉는 시 한 편만 새로 추가했다. 동강댐 반대운동을 벌일 때 발표했던 시편으로 산림청 《동강 유역 산림생태계 조사보고서》에 등재된 800여 종의 생명체 이름을 그대로 다 나열한 뒤, 시인의 상념을 덧붙인 형식이었다.

수달 멧돼지 오소리 너구리 고라니 멧밭쥐 다람쥐 관박쥐 검은댕기해오라기 중대백로 쇠백로 왜가리 원앙 청둥오리 흰뺨검둥오리 비오리 조롱이 작은멋쟁이나비 수노랑나비 제일줄나비 왕세줄나비 별박이세줄나비 애기세줄나비 네발나비 큰멋쟁이나비 사향제비나비 밀버섯 밤버섯 뽕나무버섯 홀아비꽃대 사시나무 은나무 바보여뀌 기생여뀌 개여뀌 마디풀 취명아주 명아주 댑싸리 자리공 석류풀 쇠비름 털좁 나도나물 쇠별꽃…… . 시의 형식도 파격이거니와, 수많은 생명체의 이름을 접하는 것만으로도 인간이 치유를 받는 듯한 느낌을 주기에 충분했다.

자유를 향한 갈망

서울에서 명지산 가는 길은 경춘고속도로가 개통되어 한결 쉬워졌다. 고속도로가 아니라도 그동안 그곳에는 예전과 달리 수많은 펜션들이 들어섰고 계곡은 유원지가 되어 주말이면 사람들로 빽빽하다고 시인은 말했다. 시인과 함께 찾아간 명지산은 우려했던 것보다는 한산하고 조용했다. 평일인데다 태풍이 지나가고 있어 일기예보는 폭우 가능성을 계속 떠들어대던 터였다. 시인은 올해 제대로 피서 한 번 가지 않았는데 마침 잘되었노라고, 계곡으로 걸어 들어갔다. 햇빛이 일렁이는 물속으로 내려가 카메라를 올려다보는 시인의 얼굴이 해맑다.

최승호 시인을 기실 생태시의 대표주자라고만 이야기하는 건 적절치 않다. 특별히 어떤 범주로 갇히기 싫어하는 편인데, 이 생태시라는 것도 시인이 시를 써내고 난 뒤에서야 국내에서는 담론이 형성되기 시작했다. 특별히 어떤 목적을 지니고 시를 먼저 쓰지 않았다는 것이다. 오히려 생태시보다는 문명비판적인 '도시시'가 주류라고 이야기할 수도 있겠다. 또 다른 방향에서는 선시나 그로테스크의 잣대로 그의 시를 재단하기도 한다. 하지만 정작 본인은 굳이 자신의 시를 관통하는 것이라면 등뼈 같은 외로움, 그리고 죽음으로부터의 자유를 향한 갈망이라고 했다.

"회전문 속에서 가방을 놓치고/ 회전문 밖으로 밀려나와 가방을 본다/ 이것은 죽음의 한 경험인가 회전문 밖으로 밀려나온 여기가 후생後生이라면/ 가방 든 시절이 전생의 이승이었단 말인가/ 회전문 밖에서 떨어진 가방을 들여다본다/ 내용물은 별것도 아니지만/ 나 없으면 육신의 껍질이나 쓰레기에 불과하지만/ 그것을 지금 잃는다면 아쉬움도 꽤 따를 것이다// 장례식에는/ 산 자들이 억누르는 슬픔의 총체보다 더 큰/ 죽은 자의 고요한 슬픔이 뒤따른다"
〈회전문 속에 떨어진 가방〉

 그는 2006년 다큐멘터리 제작팀과 함께 고비사막에 다녀왔다. 사막에는 아무 소리가 없어 말 그대로 적멸에 드는 '입적入寂' 상태라고 했다. 모든 소리가 사라진 적멸의 공간이 무서웠다. 바짝 마른 동물의 허연 뼈들이 바람에 경중경중 뛰어다니는 그곳은 반야심경의 공간이었다. 사막에서는 개들도 우울증에 걸렸다. 고비에서 돌아와 산과 나무를 보고 깜짝 놀랐다. 비록 짧은 열흘간의 체험이었지만 시인의 예민한 감성에는 한 생애의 비중과 맞먹었다. '바람이 텅 빈 해골들을 박차면서' 달리던 사막에서 돌아온 뒤 6개월 동안 140여 편의 시를 써냈다.

 "날이 없는 칼처럼/ 그 무엇이든 도려내는 고비의 바람/ 아무것도 아무것도 없어 울부짖으며/ 허공을 물어뜯는 고비의 바람/ 트랙이 없다 경마도 없다/ 돈에 목을 매는 마꾼도 없다/ 발굽 없이 힘차게 달리는 바람이 있을 뿐이다/ 암컷도 수컷도 아닌/ 바람이 텅 빈 해골들을 박차면서 달리고 있을 뿐이다/ 고삐도 없이/ 채찍도 없이 달리는 바람/ ……// 바람이 거세다/ 뼈들이 경중경중 사막을 뛰어다닌다"〈바람〉 부분

불행이 주는 위안

최승호 시인이 일찍이 시를 지향했던 건 아니다. 대학 졸업 무렵에서야 시를 쓰기 시작했다. 시보다는 미술에 더 관심이 많았던 그는 정작 시인이 되기 위해 안달하던 벗들의 시화전 패널을 만들고 삽화를 그려주는 처지였다. 춘천시내에서 유복하게 자라다가 중학교 때 하루아침에 망한 아버지가 가출하는 바람에 소년가장 역할을 해야만 했다. 고등학교 때부터 가정교사를 시작했고, 동생들을 건사하기 위해 동기들은 서울로 진출했지만 지방의 교대에 진학했다. 그 시절의 막막한 비애는 지금 돌아보아도 선명하다. 내내 따로 나가 살면서 한 푼도 지원하지 않던 아버지는 돌아가실 때에서야 "미안하다"고 한마디 했다.

정선에서 교사 생활을 시작했는데 너무 풍광이 아름다워 시를 쓰기에 부담스러웠다. 사북으로 자원을 했고, 그곳에서는 모든 것이 흑백으로만 분류될 정도로 까만 광산과 광부, 까만 절망이 가득한 곳이어서 처처가 시의 소재였다. 사북에서 엉뚱하게도 다른 이들 대신 '문제교사'라는 희생양이 되어 더 깊은 오지로 발령이 났다. 영혼의 골짜기라는 그 첩첩산중 '영곡'에서 절망을 견디지 못해 관사를 부수고 뛰쳐나와 상경했다. 그곳에서 썼던 〈대설주의보〉에 '오늘의 작가상'이 주어졌고 각광받는 시인의 길을 걷기 시작했지만, 서울살이가 어느 정도 안정되었을 무렵 함께 살던 여인이 책들을 쌓아놓고 스스로 다비 장을 치르는 참혹한 사태가 일어났다. 떠돌며 방황하기를 3년, 그를 위로해준 건 풀과 나무와 동물들의 이름이었다. 물속에서 걸어 나온 시인이 계곡 옆 평상에 자리를 잡고 앉는다."

"나는 춘천에 가면 위험해요. 가까운 벗이 술 마시고 철길에 누웠다가 해체된 적도 있고, 폭행을 당해 머리통이 사라진 채 자기 집 굴뚝 밑에 매장된 친구의 기억도 있습니다. 그로테스크한 그림들이 내 무의식에 똬리를 틀어버렸어요. 슬픈 추억이 도처에 도사리고 있어서 춘천에 가면 필름이 끊어질 정도로 술을 마시곤 합니다. 너무 슬프면 폐를 다쳐요. 피를 토하고 요절한 중국 시인 이하(李賀)를 내가 좋아하는 것도 불행에 대한 연대감 때문일 겁니다. 묘하게 불행이 주는 위안이 있어요. 이곳은 비애스럽기는 해도 아늑하게 치유 받는 느낌이어서 좋습니다."

그는 멀리 남보라와 흰색 도라지꽃이 만개한 산자락 쪽에 시선을 주면서 계속 말했다. 자신의 체험으로만 시를 쓰는 건 한계에 부닥치게 마련이고, 추구하는 게 따로 있어야 하는데, 자신의 경우에는 갇힘과 벗어남의 문제, 죽음으로부터 자유로워지고 싶은 화두가 그것이라고 했다. 죽음으로부터 자유롭지 않으면 감옥에 있는 것이나 마찬가지라는 것이다. 살다 보면 고독이 뼈아플 때가 많은데, 그 고독은 등뼈처럼 평생 지고 가는 것인데, 그것은 또 그때그때 시로 쓰면 된다고 했다. 무엇보다도 자신에게 간절한 그 무엇을 찾아내는 게 중요하다는 언설이다. 글은 피로 쓰는 것이라는 니체의 말이 아니더라도, 시에는 체액이 어느 정도는 삼투되어야 한다

는 입장이다. 재능은 있는데 간절함이 빠져나가면 손끝으로 쓰게 된다는 것이다. 요즘 젊은 시인들이 그림을 먼저 그려놓고 자꾸 조립하게 되는 것도 간절함이 부족하기 때문이라고 덧붙였다.

"너와 마주치기 전에는/ 삶이 그렇게 놀라운 것도 외로운 것도 아니었다./ 네가 나에게 창을 던졌을 때/ 작살에 찔려 허공에 버둥거리는 물고기처럼/ 눈은 휘둥그레졌고/ 세상은 놀라움의 광채를 띠게 되었다./ 죽음을 품고 햇빛을 더 강하게/ 죽음을 품고 어둠을 더 거칠게/ 그리고 낯설음을/ 더욱 낯설게 느낄 수 있는/ 回復期 병자들의 거울,/ 거울 속의 해골바가지여,/ 너와 마주치기 전에는/ 삶이 그렇게 놀라운 것도 외로운 것도 아니었다." 〈휘둥그레지다〉

폐결핵 환자 시절, 보건소에서 주사를 맞다가 거울 속에서 마주친 자신의 '해골바가지'에 놀라 썼다는 시편이다. 배경을 듣기 전에는 치명적인 연인을 거론하는 시편인 줄 알았는데, 무릇 삶을 놀랍고 외로운 것으로 바꿔놓는 그 대상은 바로 자신이라는 사실이 새삼스럽다. 그는 이번 생은 그냥 시만 쓰다가 죽겠다고 했다. 거창한 행복에 대한 욕망은 없어졌다. 동네 카페의 에스프레소 한 잔, 산책길 천변의 꽃구경, 새벽에 자전거를 타면서 바람을 가르는 즐거움, 음악…. 이런 것들 빼면 행복이 무언지 잘 모르겠다고 했다. 계곡 옆 평상에 앉아 가볍게 마시던 술이 늦은 밤 시인이 집필 공간으로 애용한다는 동네 카페까지 이어졌다. 행복……, 뒤로는 야전이다

이것은 죽음의 목록이 아니다

    수달 멧돼지 오소리 너구리 고라니 멧밭쥐 다람쥐 관박쥐 검은댕기해오라기 중대백로 쇠백로 왜가리 원앙 청둥오리 흰뺨검둥오리 비오리 조롱이 새홀리기 꿩 깝작도요 멧비둘기 집비둘기 소쩍새 물총새 청딱다구리 가막딱다구리 오색딱다구리 쇠딱다구리 노랑할미새 알락할미새 직박구리 때까치 물가마귀 딱새 붉은머리오목눈이 오목눈이 쇠박새 진박새 곤줄박이 박새 동고비 멧새 쑥새 노랑턱멧새 어치 까치 큰부리까마귀 자라 아무르장지뱀 도마뱀 누룩뱀 무자치 구렁이 능구렁이 유혈목이 대륙유혈목이 살모사 쇠살모사 까치살모사 산줄점팔랑나비 뿔나비 푸른부전나비 암먹부전나비 먹부전나비 부전나비 작은멋쟁이나비 수노랑나비 제일줄나비 왕세줄나비 별박이세줄나비 애기세줄나비 네발나비 큰멋쟁이나비 사향제비나비 산제비나비 긴꼬리제비나비 호랑나비 꼬리명주나비 대만흰나비 큰줄흰나비 배추흰나비 노랑나비 남방노랑나비 각시멧노랑나비 굴뚝나비 물결나비 노랑누에나방 넉점물결애기자나방 두줄물결자나방 포플라잎말이명나방 뜰길앞잡이 애반딧불이 늦반딧불이 등빨간먼지벌레 노랑선두리먼지벌레 오이잎벌레 쑥잎벌레 열점박이잎벌레 풀색꽃무지 목하늘소 톱다리개미허리노린재 장수허리노린재 깜보라노린재 얼룩대장노린재 큰광대노린재 광대노린재 참나무노린재 끝검은말매미충 늦털매미 말매미 애매미 호박벌 나나니 검은물잠자리 물잠자리 날개띠좀잠자리 깃동잠자리 밀잠자리 묵은실잠자리 명주잠자리 콩중이 벼메뚜기 왕귀뚜라미 모메뚜기 실베짱이 참밑들이 산느타리 잣버섯 노란갓벚꽃버섯 넓은솔버섯 애기낙엽버섯 흰삿갓갈때기버섯 자주졸각버섯 밀버섯 밤버섯 뽕나무버섯 그늘버섯 붉은꼭지버섯 못버섯 알광대버섯 암회색광대버섯아재비 독우산광대버섯 흰주름갓버섯 갈색먹물버섯 노랑먹물버섯 족제비눈물버섯 검은비늘버섯 비늘버섯 다색끈적버섯 젤리귀버섯 황소비단그물버섯 붉은비단그물버섯 접시껄껄이그물버섯 황금무당버섯 젖버섯아재비 새털젖버섯 잿빛젖버섯 노루궁뎅이 담자고약버섯 분홍껍질고약버섯 바늘버섯 갈색꽃구름버섯 구름버섯 옷솔버섯 아까시재목버섯 치마버섯 기와소나무비늘버섯 해면버섯 털목이 아교뿔버섯 붉은목이 먼지버섯 말불버섯 좀말불버섯 애기방귀버섯 작은주발버섯 긴대주발버섯 녹청균 콩버섯 콩꼬투리버섯 다형콩꼬투리버섯 구실사리 개부처손 물쇠뜨기 속새 산고사리삼 꿩고비 고비 황고사리 고사리 고비고사리 부싯깃고사리 청부싯깃고사리 개면마 만주우드풀 십자고사리 낚시고사리 관중 바위족제비고사리 뱀고사리 개고사리 거미고사리 일엽초 은행나무 일본잎갈나무 잣나무 소나무 측백나무 향나무 가래 말똥 실말 조릿대 실새풀 숲개밀 포아풀 갈대 용수염풀 그령 쥐꼬리새 잔디 강아지풀 금강아지풀 바랭이 주름조개풀 기장대풀 띠 큰기름새 조개풀 개솔새 솔새 옥수수 대사초 길뚝사초 산거울 그늘사초 넓은잎천남성 천남성 닭의장풀 꿩의밥 골풀 주걱비비추 큰

원추리 애기원추리 산달래 산부추 참산부추 달래 털중나리 참나리 비짜루 각시둥굴레 둥글레 층층둥굴레 진황정 풀솜대 애기나리 선밀나물 청미래덩굴 청가시덩굴 마 도꼬로마 국화마 각시붓꽃 꽃창포 붓꽃 범부채 개불알꽃 병아리난초 제비난초 은대난초 타래난초 옥잠난초 홀아비꽃대 사시나무 은사시나무 이태리포플러 왕버들 분버들 버드나무 능수버들 호랑버들 키버들 가래나무 거제수나무 박달나무 개박달나무 물박달나무 오리나무 까치박달 서어나무 난티잎개암나무 개암나무 참개암나무 밤나무 상수리나무 굴참나무 떡갈나무 갈참나무 신갈나무 졸참나무 참느릅나무 비술나무 왕느릅나무 당느릅나무 시무나무 느티나무 산팽나무 검팽나무 산뽕나무 뽕나무 혹쐐기풀 모시물통이 개모시풀 꼬리겨우살이 겨우살이 쥐방울덩굴 족도리 애기수영 수영 개대황 참소리쟁이 소리쟁이 왜개싱아 이삭여뀌 며느리배꼽 며느리밑씻개 고마리 미꾸리낚시 여뀌 바보여뀌 기생여뀌 개여뀌 마디풀 취명아주 명아주 댑싸리 자리공 석류풀 쇠비름 털좀나도나물 쇠별꽃 별꽃 벼룩나물 술패랭이꽃 대나물 동자꽃 장구채 종덩굴 요강나물 자주조희풀 개버무리 큰꽃으아리 외대으아리 으아리 참으아리 할미밀망 사위질빵 동강할미꽃 할미꽃 노루귀 미나리아재비 꿩의다리 연잎꿩의다리 큰제비고깔 흰진범 진범 백부자 진돌쩌귀 노루삼 승마 촛대승마 눈빛승마 동의나물 으름 꿩의다리아재비 댕댕이덩굴 함박꽃나무 오미자 생강나무 애기똥풀 피나물 금낭화 산괴불주머니 무 갓 배추 유채 황새냉이 왜갓냉이 미나리냉이 속속이풀 꽃다지 장대나물 바위솔 세잎꿩의비름 꿩의비름 기린초 바위채송화 노루오줌 돌단풍 바위떡풀 괭이눈 물매화 말발도리 물참대 매화말발도리 고광나무 산수국 까마귀밥나무 가침박달 쉬땅나무 조팝나무 떡조팝나무 당조팝나무 꼬리조팝나무 갈기조팝나무 참조팝나무 국수나무 뱀딸기 가락지나물 양지꽃 민눈양지꽃 세잎양지꽃 물양지꽃 딱지꽃 큰뱀무 뱀무 산딸기 곰딸기 멍석딸기 복분자딸기 줄딸기 터리풀 오이풀 긴오이풀 짚신나물 찔레꽃 생열귀나무 개살구나무 귀룽나무 올벚나무 개벚나무 산사나무 아광나무 야광나무 아그배나무 산돌배나무 마가목 차풀 고삼 다릅나무 조록싸리 참싸리 싸리 큰도둑놈의갈고리 도둑놈의갈고리 갈퀴나물 네잎갈퀴 광릉갈퀴 노랑갈퀴 나비나물 활량나물 칡 돌콩 콩 새콩 낭아초 땅비싸리 아까시나무 벌노랑이 족제비싸리 황기 붉은토끼풀 토끼풀 전동싸리 활나물 쥐손이풀 이질풀 괭이밥 병아리풀 산초나무 소태나무 광대싸리 흰대극 회양목 개옻나무 화살나무 참회나무 버들회나무 참빗살나무 푼지나무(청다래년출) 노박덩굴 미역줄나무 고추나무 신나무 고로쇠나무 당단풍 복자기 노랑물봉선화 물봉선 갈매나무 짝자래나무 왕머루 새머루 담쟁이덩굴 피나무(달피나무) 연밥피나무 뽕잎피나무 찰피나무 수박풀 수까치깨 개다래 쥐다래 다래 물레나무 고추나물 남산제비꽃 태백제비꽃 둥근털제비꽃 잔털제비꽃 고깔제비꽃 제비꽃 흰털제비꽃 알록제비꽃 뫼제비꽃 졸방제비꽃 콩제비꽃 노랑제비꽃 아마풀 보리수나무 부처꽃 달맞이꽃 음나무 오갈피 두릅나무 시호 참반디 사상자 개사상자 미나리 참나물 노루참나물 개발나물 바다나물 참당귀 구릿대 신감채 강활 묏미나리 큰참나물 기름나물 어수리 산딸나무 층층나무 노루발풀 꼬리진달래 진달래 산철쭉 철쭉꽃 산앵도나무 좁쌀풀 참좁쌀풀 까치수영 큰까치수영 고욤나무 감나무 노린재나무 쪽동백나무 때죽나무 물푸레나무 쇠물푸레 쥐똥나무 개회나무 자주쓴풀 구슬붕이 용담 칼잎용담 박주가리 산해박 백미꽃 애기메꽃 메꽃 새삼 실새삼 지치(지초) 꽃마리 작살나무 누리장나무 누린내풀 조개나물 황금 산골무꽃 골무꽃 참골무꽃 배초향 벌깨덩굴 개박하 꿀풀 익모초 광대수염 쉽사리 향유 꽃향유 산박하 속단 배풍등 까마중(까마종이) 독말풀 참오동 현삼 밭뚝외풀 논뚝외풀 절국대 알며느리밥풀 애기며느리밥풀 나도송이풀 송이풀 파리풀 질경이 큰꼭두서니 꼭두서니 갈퀴꼭두서니 솔나물 갈퀴덩굴 개갈퀴 딱총나무 덜꿩나무 가막살나무 백당나무 병꽃나무 인동 괴불나무 각시괴불나무 올괴불나무 돌마타리 금마타리 마타리 뚝갈 쥐오줌풀 산토끼꽃 체꽃 하늘타리 노랑하늘타리 수원잔대 자주꽃방망이 잔대 초롱꽃 더덕 도라지 금불초 바위구절초 뚱딴지 담배풀 솜나물 단풍취 돼지풀 도꼬마리 골등골나물 등골나물 벌등골나물 미역취 버드쟁이나물 가새쑥부쟁이 쑥부쟁이 갯쑥부쟁이 개미취 웅긋나물 까실쑥부쟁이 참취 눈개쑥부쟁이 개쑥부쟁이 단양쑥부쟁이 개망초 망초 머위 붉은서나물 쑥방망이 우산나물 톱풀 산구절초 구절초 제비쑥 더위지기 참쑥 산쑥 쑥 멸가치 진득찰 가막사리 삽주 지느러미엉겅퀴 큰엉겅퀴 엉겅퀴 지칭개 각시취 큰각시취 빗살서덜취 사창분취 당분취 구와취 톱분취 은분취 서덜취 분취 산비장이 뻐국채 큰수리취 국화수리취 수리취 절굿대 흰절굿대 조뱅이 쇠서나물 민들레 조밥나물 벋은씀바귀 벌씀바귀 씀바귀 왕고들빼기 이고들빼기 고들빼기

《동강 유역 산림생태계 조사보고서》(1998. 12. 산림청 임업연구원)를 읽으면서

내가 아무르장지뱀이나

용수염풀,

아니면 바보여뀌나 큰도둑놈의갈고리나 괴불나무로

혹은 더위지기로 태어났을 수도 있었겠다는 생각을 했다.

그랬더라면 내 이름이 어떻든

이름의 감옥에서 멀리 벗어나

삶을 사랑하는 일에 삶이 바쳐졌을 것이다.

무덤에 핀 할미꽃이거나

내가 동굴에서 날개를 펴는

관박쥐라 해도…….

최승호

1954년 강원 춘천에서 출생했으며, 춘천교대를 졸업했다. 1977년 《현대시학》에 시 〈비발디〉 등을 발표하며 등단했으며, 오늘의 작가상(1982), 김수영문학상(1985), 이산문학상(1990), 미당문학상(2003)을 수상했다. 시집으로 《대설주의보》 《고슴도치의 마을》 《세속도시의 즐거움》 《반딧불 보호구역》 《여백》 《모래인간》 《아무것도 아니면서 모든 것인 나》 《고비》 등이 있다.

슬픔 속에 보던 낮달

/

문인수 〈채와 북 사이, 동백진다〉

山은 북을 잡고, 江은 소리를……
천둥소리는 휘모리가 되고

소리 북 하나   시인의 고향마을에 흐르는 백천^{白川} 둑을 따라 걸으면 멀리 북쪽에 삼각형으로 뾰족이 솟은 산이 선명하게 시야에 잡힌다. 방울소리가 들리는 산이라 하여 '방울음산^{方兀音山}'이요, 멀리서 보면 거대한 종이 하늘에 매달려 있는 것 같다 하여 현령산^{懸鈴山}이라 부르기도 하는 산이다. 문인수 시인이 떠올리는 고향의 중심에는 신비한 푸른빛에 싸인 이 방울음산이 늘 솟아 있다. 이 산 아래 사는 사람들의 삶이 종소리가 되어 새벽잠 머리맡까지 스며들고, 아버지의 호방한 기개를 닮은 그 산의 정기는 시의 행간에 그림자로 녹아들었다.

경북 성주군 초전면 대장리, 시인의 고향마을. 차에서 내리자마자 길가 텃밭을 가리키며 '저곳이 헛간이 있던 자리'라고 말하는 시인의 눈빛이 흔들렸다. 눈빛 때문이었을까. 아뿔싸, 시인의 집은 흔적만 남아 사진도 찍을 수 없구나, 잠시 속으로 한숨을 내쉬는데 웬 여인이 높은 목청으로 인사를 하며 다가온다. 대문간을 건너오는 그네 뒤편으로 번듯한 집이 세 채나 지붕을 잇대고 모여 있다. 오랜 서울살이를 청산하고 시인의 생가에 내려와 살고 있는 늙은 형수였는데, 으레 시인들의 고향과 유년기는 가난과 불우에 갇힌 경우가 많다는 선입견이 사태를 왜곡했던 것이다. 시인의 아버지는 열댓 명의 식솔이 복작대던 가난한 집안에서 자라나 맨주먹으로 30마지기 농사를 짓는 대농을 이루었다. 3남2녀 중 막내아들로 태어난 시인은 성장기에 유복한 생활을 누렸다. 아버지는 한눈팔지 않는 헌걸찬 농부였고, 어머니는 바지런하고 효심 가득한 여인이었다.

"지리산 앉고,/ 섬진강은 참 긴 소리다.// 저녁노을 시뻘건 것 물에 씻고 나서// 저 달, 소리북 하나 또 중천 높이 걸린다./ 산이 무겁게, 발원의 사내가 다시 어둑어둑/ 고쳐 눌러 앉는다.// 이 미친 향기의 북채는 어디 숨어 춤추나./ 매화 폭발 자욱한 그 아래를 봐라./ 뚝, 뚝, 뚝, 듣는 동백의 대가리들.// 선혈의 천둥/ 난타가 지나간다."〈채와 북 사이, 동백 진다〉

방울음산 아래서 나고 자란 덕분에 이런 절창이 나왔겠지만, 소리를 제대로 체화한 사람이 아니라면 쓸 수 없는 시편이다. 산은 무겁게 앉아서 북을 잡고, 강은 길고 유장하게 흐르며 소리를 한다. 게다가 소리북 하나는 하늘에 높이 떠서 장단을 맞추는데, 북을 잡은 사내는 살아온 그 무엇이 마음을 어둑하게 하는지 자세를 고쳐 앉으며 심사를 달래는데, 어디선가 미친 향기가 북채를 정신없이 사내도 모르게 휘두르게 하고, 뚝 뚝 떨어지는 동백의 선혈 위로 천둥소리가 휘모리로 지나간다. 이 명편으로 문인수 시인은 2000년 김달진문학상을 받았다.

슬픔 중에 낮달이 보인다

시인은 술을 마시고 노래를 부르라치면 한때 늘 상여소리를 불렀다. 여기에 정선아라리도 덧붙였다. 시인의 깊은 고향으로 남아 있는 것 중의 하나가 방울음산과 더불어 '소리'였다. 아버지가 술 취하면 흥얼거리던 노랫가락, 행랑채에서 새끼 꼬면서 부르는 소리, 논 맬 때 부르던 소리, 등짐 지고 타작할 때, 도리깨질하고 곡식 퍼서 곳간으로 넣으며 한 말이요 두 말이요 헤아리면서도 부르던 소리, 소리…. 유년기에 들었던 그 소리를 채록해두지 못한 게 한스럽지만, 그는 곧잘 기억을 더듬어 육성으로 재현하곤 했다. 어린 시절 같은 마을에 살던 '서촌 영감'은 상여소리를 잘 불러 단골 상두꾼으로 초청받았는데 그 영감은 망자의 내력과 가족사를 엮어 한 판 서사시로 선소리를 매기곤 했다. 시인은 나이트클럽에서 상여소리를 부르다 쫓겨나기도 했다. 그 소리를 하고 나면 뭔가 응어리진 게 풀어지는 듯한 나른한 설움을 서러워했다.

시인을 모시고 기어이 노래방에서 그날 상여소리를 들어보았는데, 무대용으로 분장한 소리가 아니라 실제 옛날 들녘에서 아늑하게 들었던 토종 소리였다. 그는 대구 수성못 근처 지하 노래방에서 그 소리 한 대목을 들려준 뒤 많은 가사 중에서도 "저승길이 멀다 한들 삽작 앞이 저승일세."를 특별히 좋아한다고 했다. 얼마 전 그의 시집 《배꼽》 뒤에 해설을 썼던, 대구 지역에서 특히 활발하게 활동했던 평론가 김양헌이 죽었을 때는 직접 달구소리를 하며 그의 무덤을 다졌다.

"이 슬픔 중에 낮달이 보인다./ 저, 뭐라 중얼거린 것 같은데/ 달구질 소리에 묻힌다./ 다시 찾으려 하니 정작 잘 보이지 않는다./ 산 아래, 대낮은 여러 갈래 길이 환한데/ 더 여러 갈래 마음이 어둡다./ 구름 옆이었을까,/ 소나무 꼭대기 짬을 뒤져보니 거기 있다/ 낮달은 내처 간다. 분명,/ 인생에 대한 그 무슨 대답인 것 같은데/ 하늘엔 아무런 지형지물이 없으니/ 저 어렴풋한 말씀을/ 한 자리에 오래 걸어두지 못하겠다./ 또, 달구질 소리에 묻힌다." 〈낮달이 중얼거렸다〉

늙은 시인으로 살다

도대체 부유한 집안의 막내아들 출신, 그것도 흔치 않게 아버지를 영웅으로 가슴에 새기고 있고 백수 百壽를 눈앞에 둔 노모를 모시는 그가 왜, 어쩌다 서러운 달구소리에 빠져들었을까. 어떤 결핍이 그로 하여금 시를 쓰게 만들었는가. 시인의 말을 들어보면 그의 유년과 성장기의 공간은 방울음산이 푸른 종소리를 풀어놓는, 넉넉하고 호방한 유토피아였다. 그 공간에서 시인은 말썽꾸러기 소년이었다. "저 아이는 커서 아무것도 되지 못할 것"이라는 저주에 가까운 말도 들었지만, 소년을 큰 시인으로 만들어낸 것도 결국 말이었다. 초등학교 시절 문예 특활반에 영문도 모르고 배속됐는데, "둥둥둥 흰 구름 어디로 가나/ 김삿갓 할아버지 옷자락인가/ 둥둥둥 흰 구름 어디로 가나"라는 동시 한

편을 숙제로 써냈더니, 당시 시인이었던 문예반 선생님이 '경천동지할' 칭찬을, 그것도 '융단폭격'처럼 퍼부었다. 생전 칭찬이라곤 변변히 듣지 못했던 소년에게 그 칭찬은 운명적인 선언이 돼버렸고, 그 소년은 지금 늙은 시인으로 살고 있다.

"지금 저, 환장할 저녁노을 좀 보라고/ 휴대전화 문자메시지가 떴다, 얼른/ 현관문을 열고 내다봤다. 지척 간에도 시차 때문인지,/ 없다, 15층짜리/ 만촌 보성아파트 107동/ 기억자 건물이 온통 가로막아 본연의 시뻘건 서쪽이 없다// 시뻘겋게 녹슬었을 것이다/ 그 죄 사르지 않는 누구 뒷모습이 있겠느냐/ 눈물 훔쳐 물든 눈자위, 퉁퉁 부어오른 흉터 같은 것으로 기억하노니/ 아름다운 여분, 서쪽이 없다// 말하자면 나는 이미 그대 사는 곳의 서쪽,/ 이 집에 이사 온지도 벌써 십년 넘었다, 인생은 자꾸/ 한 전망 묻혀버린 줄 모른다. 몰랐다. 다만/ 금세 어두워져, 저문 뒤엔 저물지도 않는다, 어여쁜 친구여/ 무엇이냐, 분노냐 슬픔이냐 그 속 뒤집어/ 널어놓고 바라볼 만한 서쪽이 없다."〈서쪽이 없다〉

"저문 뒤엔 저물지도 않는다"는 구절이 아프다. 더 이상 어두워질 수 없는, 저물래야 저물 수도 없는 막막한 상태야말로 상상할 수 있는 죽음의 초절정 아닌가. 누워 있는 얼굴 위로 관 뚜껑을 덮고 흙을 뿌릴 때 내리는 영원한 어둠……. 시인은 '환장한다는 것'의 그 '환장換腸'을 한자로 풀이해주었다. 속을 뒤집어 널어놓는 것, 그것이 새삼스레 환장이었다. 환장할 서쪽의 마지막 여분의 아름다움— 눈물 훔쳐 물든 눈자위, 통통 부어오른 흉터 같은 것.

시인은 일찍이 고교시절부터 《학원》지에 시를 발표하는 문사로 우쭐댔지만 어쩌다 스스로 절망하여 동국대 국문과를 중퇴하고 군에 입대하면서부터 문단과 절연한 채 홀로 살았다. 그러다가 나이 마흔이 되어서야 《심상》지로 데뷔했다. 초등학교 교사로 살아오면서 내내 그를 뒷바라지한 아내의 권유로 응모한 것이기도 한데, 이후 그는 서서히 시의 날개를 펴기 시작했다. 만날 백수로 살면서 이런저런 일에 손을 대다 실패하여 아내에게 미안한 '1기 백수'(잘나가는 청춘인 줄 알았는데 가장 후회되고 안타까운 청춘이었고 동네 사람들 눈이 부끄러워 서둘러 출근한 척한 뒤로는 어디로 가야 할지 모르던) 시절을 살았지만, 영남일보 교열기자라는 번듯한 직장에 8년간 다닌 뒤로는 시로도 성공하여 번듯한 '2기 백수'(집에 있어도 고샅을 걸어도 누구의 시선도 의식하지 않고 시에 대해서만 고민할 수 있는) 시절을 살아오는 동안 아내가 시인보다 그의 시적 성취를 더 기뻐하여 다행이었다.

"기차는 이제 아주 오지 않는다./ 지금부터 막 녹슬기 시작한 철길 위에/ 귀 붙여 들어보니 저 커다란 골짜기,/ 커다랗게 식은 묵묵부답 속으로/ 계속 사라지는 꼬리가 있다./ 기나긴 추억이며 고생이며 상처일지라도 결국/ 망각 속으로 전부 빨려드는 것이냐/ 석탄층 깊이 깜깜 쌓여가는 것이냐"〈오지 않는 절망〉부분

그는 불혹에 늦깎이로 데뷔했지만 여전히 시적 긴장이 흐트러지

지 않는 선배 시인으로 후배들에게 존경받고 있다. 이런 이야기를 전했더니 그는 "내 시가 설사하듯 반복된다면 숨이 붙어 있는 한 시는 쓰겠지만 발표는 중단하겠다."며 "이미 후배에게 농담처럼 나 자신은 판단하지 못할 터이니 미리 충고해 달라."고 부탁했노라고 말했다. 주변에서 그의 명편으로 꼽는 〈쉬〉는 각자 찾아서 읽어볼 일이지만, 자신의 시 〈채와 북 사이, 동백 진다〉를 스스로 참고한 속편 〈달북〉은 이 자리에서 보고 싶다. 유정한 어머니, 환하게 젖은 얼굴, 자지러지게 번지는 소리의 변두리, 그리고 투둑, 타개지는 새 생명 만월을.

"저 만월, 만개한 침묵이다./ 소리가 나지 않는 먼 어머니./ 그리고 아무런 내용도 적혀 있지 않지만/ 고금의 베스트셀러 아닐까/ 덩어리째 유정한 말씀이다./ 만면 환하게 젖어 통하는 달./ 북이어서 그 변두리가 한없이 번지는데/ 괴로워하라, 비수 댄 듯/ 암흑의 밑이 투둑, 타개져/ 천천히 붉게 머리 내밀 때까지/ 억눌러라, 오래 걸려 낳아놓은/ 대답이 두둥실 만월이다." 〈달북〉 전문

채와 북 사이, 동백진다

지리산 앉고,
섬진강은 참 긴 소리다.

저녁 노을 시뻘건 것 물에 씻고 나서

저 달, 소리북 하나 또 중천 높이 걸린다.
산이 무겁게, 발원의 사내가 다시 어둑어둑
고쳐 눌러 앉는다.

이 미친 향기의 북채는 어디 숨어 춤추나.
매화 폭발 자욱한 그 아래를 봐라.
뚝, 뚝, 뚝, 듣는 동백의 대가리들.

선혈의 천둥
난타가 지나간다.

문인수

1945년 경북 성주에서 출생하여 1966년 동국대 국문과를 중퇴했다. 1985년 《심상》 신인상으로 등단했다. 시집으로 《늪이 늪에 젖듯이》《세상 모든 길은 집으로 간다》《뿔》《홰치는 산》《동강의 높은 새》《쉬!》《배꼽》 등이 있으며, 김달진문학상, 미당문학상, 노작문학상, 한국가톨릭문학상, 시와시학상, 편운문학상, 대구문학상을 수상했다.

나무를 쓰다듬고 간 여인
/
최영철 〈수영성 와목〉

스쳐간 여인 향해 몸 기울인 나무의 순정
가슴이 시려

삶을 위무하는 시편들   여름의 끝물, 남쪽 항구도시에 내리는 빛이 강렬하다. 시인이 저만치 앞장서서 매축지(埋築地) 골목길을 순례하는 중이다. 뒷머리 만지작거리며 이 골목 저 골목 기웃거린다. 시인의 기억 속에 오래 길을 낸 그 골목은 어디로 구불구불 빠져나갔을까. 지붕과 지붕이 서로 어깨를 잇대어 만들어낸 골목의 그늘에 노파들이 나와서 한담을 나눈다. 쭈그려 앉은 늙은 여인들의 머리칼이 좁은 하늘을 뚫고 내려와 꽂히는 빛줄기에 하얗게 부서진다. 노파들이 등을 기댄 시멘트벽 작은 창문들에 빨래가 너펄거린다. 넓은 마당 긴 줄에 한가롭게 펄럭이는 깃발 같은 옥양목이나, 베네치아의 후미진 물길 벽돌집 난간에 숨어서 날리던 생활의 속옷들, 혹은 서해 솔밭 사이로 얼비치던 외딴집 빨랫줄의 배냇저고리— 대체로 줄에 매달려 흔들거리는 모든 빨래는 공간과 내용을 막론하고 사람살이의 따뜻한 증거물들이어서 아늑하고 정겨웠다. 좁고 낮은 골목에도 빨래는 나부낀다.

"지난 홍수에 젖은 세간들이/ 골목 양지에 앉아 햇살을 쬐고 있다/ 그러지 않았으면 햇볕 볼 일 한 번도 없었을/ 늙은 몸뚱이들이 쭈글쭈글해진 배를 말리고 있다/ 긁히고 눅눅해진 피부/ 등이 굽은 문짝 사이로 구멍 뚫린 퇴행성 관절이/ 삐걱거리며 엎드린다/ 그 사이 당신도 많이 상했군/ 진한 햇살 쪽으로 서로 몸을 디밀다가/ 몰라보게 야윈 어깨를 알아보고 알은체 한다"〈일광욕하는 가구〉 부분

최영철 시인이 창녕에서 부산으로 나온 건 세 살 무렵이었다. 가난에 쫓겨 와 시인의 부모가 항구에 정착한 곳은 산동네의 방 한 칸이었고, 사정이 조금 나아져 내려온 곳이 바다를 메워 형성한 이곳 범오동 매축지 골목길이었다. 기억이 작동하기 시작할 때부터 열 살 무렵까지 이곳에서 살았으니 이 골목이 시인의 고향인 셈이다. 방문을 열면 바로 골목이다. 그래서 골목은 이곳 사람들의 '마루' 역할을 한다. 그 마루 곳곳은 농촌에서 무언가를 키우고 가꾸던 사람들의 본능이 화분의 푸른 생명들로 흔적을 남기고 있다. 시인은 훗날 "탄탄대로가 승승장구하는 자들의 것이라면 골목은 거기서 비켜나거나 도태된 자들의 몫"이지만 "성공하고 쟁취한 자들의 길이 아니라고 해서 쓸모없지는 않을 것"이고 "탄탄대로는 질주와 추월을 요구하고 그래서 잦은 충돌이 불가피하지만 골목은 조용하고 소박하며 여유만만한 공존의 장으로 존재한다"고 산문에 썼다. 그가 낡은 슬레이트 지붕 아래 길가로 미닫이문이 난 집 앞에 섰다. 머뭇거리더니, 형체는 다 바뀌었는데 입구는 그대로 자신이 살던 옛집이라고 했다.

그가 이곳 오래된 매축지 골목길을 다시 찾은 건 1997년 집 앞 전봇대에 머리를 부딪쳐 뇌수술을 받고 생사의 갈림길에서 돌아온

뒤 새삼스럽게 어린 시절을 더듬기 시작한 10여 년 전쯤부터다. 기이하게도 시인은 사고와 인연이 깊었다. 중학교 2학년 때 횡단보도에서 맹렬하게 달려오던 군용 지프차에 치여 2년 동안 병원을 오갔다. 한참 감수성이 예민할 무렵의 소년기에 가슴까지 깁스를 한 채 천정만 올려다보며 누워 있어야 했으니, 그렇지 않아도 백일장 대회에서 상을 받곤 하던 생각 깊은 소년은 운명적으로 문학의 길을 갈 수밖에 없었다. 그는 "내 시가 허접해서 시에게 미안하다"고 짐짓 겸손한 발언을 자주 했는데, '시를 위한 시'의 욕망을 앞세우지 않고 낮은 자리에서 시를 살아내지 않으면 쓸 수 없는 따뜻한 위무의 시편들이야말로 시가 그에게 고마워해도 좋을 증좌인 것 같다.

"또다시 헤어지고 만날 것을 뻔히 알면서/ 단호한 못질로 쾅쾅 그리움을 결박할 수는 없다/ 언제라도 피곤한 몸 느슨히 풀어 다리 뻗을 수 있게/ 一字나 十字로 따로 떨어져/ 스스로 바라보는 내일이 있기를/ 수없이 죄었다가 또 헤쳐놓을 때/ 그때마다 제각기로 앉아 있는 그대들을 바라보며/ 몽키 스패너의 아름다운 이름으로/ 바이스 프라이어의 꽉 다문 입술로/ 오밀조밀하게 도사린 내부를 더듬으며/ 세상은 반드시 만나야 할 곳에서 만나/ 제 나름으로 굳게 맞물려 돌고 있음을 본다/ 그대들이 힘 빠져 비척거릴 때/ 낡고 녹슬어 부질없을 때/ 우리의 건강한 팔뚝으로 다스리지 않으면/ 누가 달려와 쓰다듬을 것인가/ 상심한 가슴 잠시라도 두드리고/ 절

단하고 헤쳐놓지 않으면/ 누가 나아와 부단한 오늘을 일으켜세울 것인가" 〈연장론〉 부분

생의 결절을 지나 초록의 생명으로

매축지 골목에서 나와 시인이 살고 있는 수영동으로 갔다. 부동산 중개업자가 종용해서 그렇잖아도 좁아서 불편했던 집을 팔고 수영동으로 이사했던 것인데, 덜컥 팔고 보니 재개발 예정 지역이었던 터여서 앉은 자리에서 적어도 수천 만 원은 손해를 보았다고 남들이 말했다. 하지만 그는 오히려 자신은 더 벌었다고 자부한다. 이사 오고 보니 바로 집 곁 수영성 사적공원에 500년 넘게 산 곰솔과 푸조나무가 있었다. 이전 집에서는 이 나무를 만나기 위해 오래 걸어 다녔는데, 사고를 당한 뒤 그를 살려준 게 바로 이 산책길의 나무들이었는데, 정작 이사를 해놓고 보니 바로 그 나무들 옆이어서 곰솔 할배와 푸조나무 할매가 자신을 불러들인 것 같아 반갑고 고마웠다. 푸조나무(천연기념물 311호) 검은 밑동은 헐벗은 이들이 서로 부둥켜안고 있는 형상으로, 장정 서너 사람이 손을 맞잡아야 껴안을 정도로 덩치가 크다. 수백 년 세월을 버텨온 그 나무의 밑동은 검고 헐벗었지만 머리는 여전히 초록의 이파리로 은성하다.

"잎 하나 피우는 내 등 뒤로/ 한번은 당신 샛별로 오고/ 한번은 당신 소나기로 오고/ 그때마다 가시는 길 바라보느라/ 이렇게 많

은 가지를 뻗었답니다.// 잎 하나 떨구는 발꿈치 아래/ 한번은 당신 나그네로 오고/ 한번은 당신 남의 님으로 오고/ 그때마다 아픔을 숨기느라/ 이렇게 많은 옹이를 남겼답니다.// 오늘 연초록 벌레로 오신 당신/ 아무도 보지 못하도록/ 이렇게 많은 잎을 피웠답니다."〈잎- 푸조나무 아래〉

노래로도 만들어졌다는 푸조나무 연작 중 하나인데, 생의 결절을 지나와 초록의 생명으로 나아가는 시인의 변모가 상징적으로 채색된 시편이다. 그가 누워 있는 사철나무를 본 건 같은 길을 3년이나 산책한 뒤였다. 어느 날 시인의 눈에 쓰러진 채 옆으로 자라고 있는 오래 된 나무가 들어왔다. 늘 움직이며 살아가는 사람에게 쓰러짐은 절망이지만, 직립의 숙명으로 서 있는 나무의 쓰러짐은 시인에게 오히려 새로운 곳을 향한 갈망의 표현으로 다가왔다. 그리하여 이런 절창을 건졌다.

"내 머리맡 어디쯤 쓰러져 크고 있는 사철나무를/ 와목이라 이름 붙였다/ 기울어진 나무는/ 자기를 슬며시 쓰다듬고 가는 여인에게로 기울다가/ 행장 챙겨 무작정 따라나서기도 하다가/ 저렇게 호된 회초리를 맞고 쓰러졌을 것/ 위로만 바라보아야 할 본분을 잊고/ 옆으로 옆으로 한눈 판 죄를 벌하려고/ 하늘이 나무의 다리 몽둥이를 꺾어놓았을 것// 그러나 그때/ 나무를 쓰다듬고 간 그 여인은/ 먼 여정에 눈앞이 아득해져/ 잠시 손 짚어/ 찰나를 쉬었다 갔을 뿐"〈수영성 와목臥木〉

한때 누워서 살아야 했던 소년시절 그의 모습과 흡사했다. 나무가 누워 있어도 가지는 해를 향해 위로 자랄 성 싶은데, 이 나무의 가지는 몸체를 따라 옆으로 퍼져나갔다. 스쳐간 여인의 숨결과 살결 때문이었을까. 늘 서 있어야만 하는 숙명을 뿌리치고 그녀가 간 곳을 향해 몸을 기울인 나무의 순정이 아프다. 그 여인, 잠시 손을 짚어 찰나를 쉬었다 갔을 뿐인 것을. 수영성 돌아 나와 '팔도시장'으로 들어섰다.

"파장 무렵 집 근처 노점에서 산 호박잎/ 스무 장에 오백 원이다/ 호박씨야 값을 따질 수 없다지만/ 호박씨를 키운 흙의 노고는 적게 잡아 오백 원/ 해와 비와 바람의 노고도 적게 잡아 오백 원/ 호박잎을 거둔 농부의 노고야 값을 따질 수 없다지만/ 호박잎을 실어 나른 트럭의 노고도 적게 잡아 오백 원/ 그것을 파느라 저녁도 굶고 있는 노점 할머니의 노고도 적게 잡아 오백 원/ 그것을 씻고 다듬어 밥상에 올린 아내의 노고는 값을 따질 수 없다지만/ 호박잎을 사들고 온 나의 노고도 오백 원// 그것을 입 안에 다 넣으려고/ 호박 쌈을 먹는 내 입이/ 찢어질 듯 벌어졌다"〈본전 생각〉

수영 공원을 지나 늘 산책하는 시장 골목을 다 지나올 무렵 시인은 소설가 아내 조명숙에게 전화를 걸어 시장 인근 호프집으로 나올 것을 청했다. 시인은 다시 후배 문인 강동수(국제신문 논설위원)를 청했다. 1994년 세계일보 신춘문예에 소설 부문에 당선되어 문학과지성사에서 소설집 《몽유시인을 위한 변명》을 펴냈고, 최근에는 데뷔 16년 만에 첫 장편소설 '제국익문사'도 내놓은 강동수 씨가 먼저 나타났다. 중년을 넘어섰지만 여전히 소설을 향한 고되고 벅찬 노동을 지속하고 있는 그의 얼굴에서 아주 오래전 신춘문예 시상식장에서 대면했던 청년의 모습을 보았다. 글품으로만 먹고 살아온 가난한 부부인데도 뒤이어 등장한 시인의 아내는 얼굴이 더 맑다. 소설가 아내에게 시인 남편의 어느 작품이 가장 좋더냐고 물었더니, 다른 시인들은 이미 여러 편을 썼다는데 최근에서야 겨우 한 편 써놓고 흥분해서 보여주었다는 시 한 편을 언급했다. 그 시, 참 좋다.

"참 염치없는 소망이지만/ 다음 생에 딱 한 번만이라도 그대 다시 만나/ 온갖 감언이설로 그대 꼬드겨/ 내가 그대의 아내였으면 합니다/ 그대 입맛에 맞게 간을 하고/ 그대 기쁘도록 분을 바르고/ 그대 자꾸 술 마시고 엇나갈 때마다/ 쌍심지 켜고 바가지도 긁었음 합니다/ 그래서 그래서/ 지금의 그대처럼 사랑한다는 말도 한 번 못 듣고/ 고맙다는 말도 한번 못 듣고/ 아이 둘 온 기력을 뺏어 달아난/ 쭈글쭈글한 배를 안고/ 그래도 그래도/ 골목 저편 오는 식솔들을 기다리며/ 더운 쑥국을 끓였으면 합니다/ 끓는 물 넘쳐 흘러/ 내가 그대의 쓰린 속 어루만지는/ 쑥국이었으면 합니다"〈쑥국-아내에게〉

수영성 와목

내 머리맡 어디쯤 쓰러져 크고 있는 사철나무를
와목이라 이름 붙였다
기울어진 나무는
자기를 슬며시 쓰다듬고 가는 여인에게로 기울다가
행장 챙겨 무작정 따라나서기도 하다가
저렇게 호된 회초리를 맞고 쓰러졌을 것
위로만 바라보아야 할 본분을 잊고
옆으로 옆으로 한눈 판 죄를 벌하려고
하늘이 나무의 다리몽둥이를 꺾어놓았을 것

그러나 그때
나무를 쓰다듬고 간 그 여인은
먼 여정에 눈앞이 아득해져
잠시 손 짚어
찰나를 쉬었다 갔을 뿐

최영철

　1956년 경남 창녕에서 출생했으며, 1984년 〈지평〉으로 작품 활동 시작, 1986년 한국일보 신춘문예에 시 〈연장론〉이 당선되어 등단했으며, 2002년 백석문학상을 수상했다. 시집으로 《아직도 쭈그리고 앉은 사람이 있다》《가족사진》《홀로 가는 맹인 악사》《야성은 빛나다》《일광욕하는 가구》《그림자 호수》《호루라기》, 산문집 《나들이 부산》《우리 앞에 문이 있다》, 어른 동화 《나비야 청산 가자》 등이 있다.

아름다움은 슬픔의 영역

/

조용미 〈자미원 간다〉

해발 688미터 은하철도 시발역
'자미원'에서 무한 여행을 시작하다

살아 있다는 것   자미원紫微院은 강원 정선군 남면에 있는 태백선의 간이역 이름이다. 자미원은 큰곰자리를 중심으로 170개의 별로 이루어진 별자리 이름이다. 한자와 의미는 다르지만 이름은 같다. 시인은 눈이 펄펄 내리는 날 기차를 타고 우연히 자미원역을 지나다가 한참 놀랐다. 그렇지 않아도 천문과 우주에 관심이 쏠려 '천상열차분야지도' 같은 옛 천문서를 뒤적이던 터였는데 역 이름이 그가 공부하던 별자리 자미원이었으니, 놀랄 법도 하다. 풍경을 해독하기 위해 틈만 나면 길을 나서던 시인이었는데, 여행에서 돌아오면 어떤 풍경은 그네의 잠을 방해하고 의식을 들쑤시면서 빨리 시로 옮겨줄 것을 강요하는데, 그때마다 시인은 언어를 다스리는 제왕이 되어 잠시 진정하라고 그 녀석들을 다독이는데, '자미원'은 그 여행에선 당연히 최우선으로 조각할 수밖에 없는 대상이었을 것이다.

"내가 이 세상에 살아 있다는 것,/ 오늘 하루 이 시간 속에 놓여 있다는 것은/ 저 바위가 서 있는 것과 나무의자가 놓여 있는 것과/ 무엇이 다를까// 나를 태운 기차는 청령포 영월 탄부 연하 예미를 지나/ 자미원으로 간다/ 그 큰 별에 다다라서도 성에 차지 않는지/ 무한의 너머를 향해 증산 사북 고한 추전으로 또 달린다/ 명왕성 너머에까지 가려 한다"〈자미원 간다〉 부분

정선역을 향해 차를 몰았다. 청량리에서 출발해 제천을 거쳐 태백선으로 갈아타는 기차여행이 제격이겠으나, 아침 일찍 출발하는 열차인 데다 일행이 합세해 그건 여의치 않았다. 정선역으로 가서, 그곳에서 오후 5시45분 아우라지로 가는 무궁화호 열차를 타고 자미원역에서 내리는 방안을 차선으로 선택했다. 조용미 시인은 그네가 1996년 첫 시집 《불안은 영혼을 잠식한다》를 펴냈을 때 문단 술자리에서 잠시 스쳤을 뿐, 이후 그와 가까이서 대화를 나눈 건 이번 기행이 처음이었다. 명랑하고 적극적인 여인이라는 인상을 오래 지니고 있었는데, 10여 년 만에 만난 그네는 검고 깊었다. 목소리는 얇고 희미했으며 얼굴에는 긴 고통의 터널을 지나온 자의 체념 같은 그늘이 드리워져 있었다. 정선역까지 달려오는 동안 간헐적으로 물었고, 그네는 선택적으로 답변했다.

"검은 색은 냄새가 난다/ 달빛 흐르는 비릿한 어둠의 냄새/ 먹을 천천히 빨아들이는 화선지의 냄새/ 최후의 최후인 재의 냄새,/ 검은빛은 따스하다/ 삶과 죽음이 마주 보고 있는 검은빛의 유전자에는 잠과 물이 들어 있다/ 부드럽고 따스한 검은빛은/ 눈이 부시다"
〈黑〉 부분

통증이 나를 껴안는다

정선역에 이르러 일행은 역전에 차를 세우고 식당을 찾았다. 화려하진 않으나 구미를 당기는 간판들이 듬성듬성 있었다. 우리는 '메밀콧등치기'가 간판에 적힌 허름한 식당을 선택했다. 돼지고기를 큼직하게 썰어 넣은 김치찌개와 감자부침, 콧등치기를 주문했더니 올 환갑이라는 주인 아낙이 '애들 아버지'가 키웠다는 찰옥수수까지 덤으로 쪄서 내왔다. 일행과 자미원에서 만나기로 약속을 하고 시인과 함께 기차를 타기 위해 정선역으로 갔다. 시인은 늘 혼자 여행을 떠났는데, 자미원에 도착하면 일행이 차를 가지고 마중나올 것을 생각하니 든든하다고 했다.

"저물녘, 집으로 돌아오는 당신을/ 멀리까지 마중 나가보고 싶습니다/ 어스름이 깔린/ 집 근처의 나무들이 눅눅해지는 그곳으로// 따스한 외투와 목도리를 두르고/ 차가워질 여윈 손은 주머니에 넣고서/ 조금 멀리, 당신이 오고 있을/ 푸른빛이 짙어서 깊어가는 어둑한 그 길을 따라// 그런 날이 오겠지요/ 아마 오겠지요 그런 날을 기다린 줄도 모르게// 햇살이 커튼 뒤에 불을 켜듯 화안하게/ 푸른 연꽃을 피워 올렸다 꺼뜨리는 저녁 무렵/ 하루가 열렸다 닫히고 또 열리고/ 그렇게 아무렇지도 않게// 어쩌면 당신을 마중 나가는 일도 깜빡할 날들이/ 아마 오겠지요/ 그런 날들을 기다린 줄도 모르게// 푸른 연꽃이 커튼 자락에/ 밤낮으로/ 세상에 없는 그 꽃들을 수미단에서처럼/ 크고 화안하게 피워 올리겠지요/ 햇빛이 그 일을 도와주겠지요// 나는, 햇빛 따라가겠습니다"〈햇빛 따라가다〉

정선역 플랫폼에서 열차가 도착하기 전 사진을 찍었다. 서서히 드러나는 가을 산색과 길게 대기하고 있는 화물차를 배경으로 검은 옷의 시인이 파인더에 떠오른다. 역 끄트머리 철로 변 신호등 붉은빛이 그네의 머리 위에 떠 있다. 열차 안은 서너 사람만 띄엄띄엄 앉아 있을 뿐 한가하다. 기차가 달리기 시작하자 그네는 "오늘은 드물게 솔직한 날인데, 그렇다고 평소에 솔직하지 않은 것이 아니라 말을 하지 않는 것일 뿐인데 오늘은 말을 많이 하는 것"이라고 말했다.

그네는 끊임없이 풍경을 찾아 떠도는 스타일인데, 그 역마(驛馬) 기질은 다분히 기질적인 측면도 있겠으나 젊은 시절의 아픈 체험도 한몫을 거들었다고 했다. 대구에서 나고 자란 그네는 애초에 전라도 쪽과는 연고가 아무것도 없었다. 그네가 막 데뷔했을 무렵 고정희(1948-1991) 시인이 그를 굉장히 아껴서 서로 살가운 사이였는데 지리산에 같이 여행을 가기로 했다가 그네의 병고 때문에 4월 일정이 6월로 늦춰졌고, 결국 그네가 빠진 채 떠났다가 계곡에서 변을 당해 고정희 시인만 저 세상으로 떠났다. 그때의 상처는 7년이 지나도록 극복하지 못했고, 이후 짬짬이 고정희의 고향인 전남 해남 땅으로 갔고, 해남은 그네의 제2의 고향이 되었다. 그때 그네가 고정희 시인과 함께 떠나지 못했던 건 지금까지 천형처럼 안고 사는 허리디스크 때문이었다. 매화 필 무렵이면 특히 도지다가 잊을 만하면 어김없이 무섭게 다가와 그네를 눕혀놓는다.

아름다움은 슬픔의 영역

"몸이 견딜 만하면 아팠던 때를/ 잊어버린다 내 몸이 늘 아프고 자 한다는 걸,/ 누워 있으면 서 있을 때보다 세상이 더/ 잘 보이는 이유를 또 잊어버린다/ 통증이 살며시 등뒤로 와 나를 껴안는다/ 몸을 빠져나간 소리들 갈데 없이 떠도는/ 꽃나무 아래" 〈봄날 나의 침묵은〉 부분

아름다움은 슬픔의 영역

차창 밖으로 옥수수 밭과 그 너머 외딴집에 연기가 피어오르는 풍경이 지나간다. 해거름 무렵이어서 밖은 바야흐로 어두워지는데 해발 600미터가 넘는 철길 아래 산맥 사이로 길들이 흘러간다. 시인은 풍경이 너무 좋아 이야기를 나누기가 아깝다고 탄식했다. 그네는 여행지에서 만난 특별한 풍경은 존재론적 사건이 된다고 했다. 여행지에서 시를 쓰는 경우는 없고 돌아온 뒤 그 풍경이 들쑤셔 잠을 못 이루게 할 때 시가 나온다고 했다. 자연에서도 정신의 표정을 읽을 수 있는데, 자연이 곧 정신인, 육체와 정신이 합일되는 듯한 풍경을 만날 때, 그때에서야 비로소 아, 이 세상에 살아서 존재하는구나, 느낀다고 했다. 그네는 가끔 존재감이 느껴지지 않아 걸어가다가도 아, 아, 소리를 내보는 경우도 있다. 이야기를 나누다가 그네가 차창 밖으로 고개를 돌린 뒤 탄식처럼 "이런 풍경을 보면 가슴이 답답하고 터질 것 같지 않느냐"고 대답이 필요 없는 질문을 했다. 그네는 "아름다움은

사물의 편도 사람의 편도 아닌, 슬픔의 영역"이라며 "어둠을 모르는 자는 진실을 모른다는 말에 진심으로 동의한다"고 했다. 그네에게 어둠이란 오랫동안 등에 솟은 날개처럼 지니고 다니는 통증 같은 것일까.

"물고기의 등에 산이 솟아올랐다/ 등에서 산이 솟아오른 물고기는 탱화 속에 있다 고구려 고분 벽화 속의 물고기는 날개를 달고 있었다// 탱화 속의 물고기를 나는 보지 못했지만 언젠가 커다란 산을 지고 물 속을 떠다녔던 적이 있는 것 같다 밤낮으로 눈을 감지 않아도 등에 돋아난 죄의 무게는 가벼워지지 않았을 것이다// 魚飛山에 가면 물고기들이 날아다녔던 흔적을 볼 수 있을까/ 산에 가는 것을 미루다 물고기의 등을 뚫고 나온 사리를 본다 물고기는 뼈를 삭여 제 몸 밖으로 산 하나를 밀어내었다" 〈어비산魚飛山〉 부분

여행을 다녀온 뒤 밥도 못 먹고 고열에 시달리며 일주일 내내 아프다가 〈어비산〉을 쓰고 나서야 살아났다고 했다. 대체 누구를 위해 그 고통을 감내하며 시를 쓰느냐고 물었더니 그네는 "누구를 위해 사느냐"고 반문했다. 사는 것과 쓰는 것이 같은 것이니, 더 말할 게 없다. 그네는 "등에 산이 솟아나는 물고기, 그 고통을 감내하는 게 내 운명"이라고 희미하게 말했다. 열차는 잠시 후 자미원, 자미원 역에 도착하겠습니다. 남성 차장의 차분한 안내방송이 객차에 흘러나오자 시인이 모처럼 가벼운 성음으로 농담을 했다. "저는 안 내릴래요, 혼자 가세요." 어디로 가겠다는 건가. 북두칠성과 자

미원의 하늘? 지구라는 별에 불시착한 외계인들만 아는 자미원을 향해 떠나는 곳, 그 은하철도 시발역 해발 688m 자미원 역?

"검은 탄광지대에 펼쳐진 하늘,/ 태백선을 타면 원상결 같은 작자와 시대 미상의 천문서를 탐하지 않아도/ 紫微垣에 닿을 수 있다/ 탄광 속에는 백일흔 개의 별이 깊숙이 묻혀 있을 것이다// 그 별에 이르는 길은 송학 연당 청령포 영월 예미……// 오늘 내가 이 자리에 있는 것,/ 북두칠성과 자미원의 운행을 짚어보는 것은/ 저 엄나무가 우뚝 서 있는 것과 새털구름이 지나는 것과/ 무엇이 다른 것일까" 〈자미원 간다〉 부분

자미원 간다

내가 이 세상에 살아 있다는 것,
오늘 하루 이 시간 속에 놓여 있다는 것은
저 바위가 서 있는 것과 나무의자가 놓여 있는 것과
무엇이 다를까

나를 태운 기차는 청령포 영월 탄부 연하 예미를 지나
자미원으로 간다
그 큰 별에 다다라서도 성에 차지 않는지
무한의 너머를 향해 증산 사북 고한 추전으로 또 달린다
명왕성 너머에까지 가려 한다

조용미

1962년 경북 고령에서 출생하여 서울예대 문예창작학과를 졸업했다. 1990년 《한길문학》에 〈청어는 가시가 많아〉를 발표하며 등단했다. 2005년 제16회 김달진문학상을 수상했으며, 시집으로《불안은 영혼을 잠식한다》《일만 마리 물고기가 山을 날아오르다》《삼베옷을 입은 자화상》《나의 별서에 핀 앵두나무는》, 산문집으로《섬에서 보낸 백년》등이 있다.

검은 탄광지대에 펼쳐진 하늘,
태백선을 타면 원상결 같은 작자와 시대 미상의 천문서를 탐하지 않아도
紫微垣에 닿을 수 있다
탄광 속에는 백일흔 개의 별이 깊숙이 묻혀 있을 것이다

그 별에 이르는 길은 송학 연당 청령포 영월 예미……

오늘 내가 이 자리에 있는 것,
북두칠성과 자미원의 운행을 짚어보는 것은
저 엄나무가 우뚝 서 있는 것과 새털구름이 지나는 것과
무엇이 다른 것일까

오래도록 추억될 황홀한 여로

김영남 〈푸른 밤의 여로〉

만조의 밤안개, 코스모스와 함께
푸른 밤 마량 옥색 바다로의 여로
그곳에서 잊혀졌던 고향의 끈을 잡다

오래도록 그리워할 이별

1997년 세계일보 신춘문예 심사현장. 문학평론가 유종호 씨가 신경림 시인을 앞에 두고 김영남의 깔끔한 시 〈정동진역〉을 상찬했다.

"해안선을 잡아넣고 끓이는 라면집과/ 파도를 의자에 앉혀놓고/ 잔을 주고받기 좋은 소주집이" 있는 풍경, "그리고 밤이 되면/ 외로운 방들 위에 영롱한 불빛을 다는/ (……) 바닷바람에 철로 쪽으로 휘어진 소나무 한 그루와/ 푸른 깃발로 열차를 세우는 역사驛舍,/ 같은 그녀를 만날 수 있다"고 응모자는 썼다.

당선 연락을 했을 때 그는 당선작이 어떤 시냐고 물었다. 통상 신춘문예 시 부문에 응모할 때는 최소한 3편 이상의 시를 보내야 하는데, 응모자에 따라선 수십 편을 보내는 이도 있다. 팁을 주자면, 그건 바람직하지 않다. 수준이 고른 최소한의 응모작을 보내는 게 낫다. 그중 한 편이 뛰어나도 다른 시들이 떨어지면 심사자는 고민하게 마련이다. 김영남은 당선작 〈정동진역〉이 그냥 첨부한 시였을 뿐이었다고 나중에 말했다. 그 시는 단아하고 진솔했으며, 쓸쓸하고 아름다웠다.

신춘문예로 등단한 이들은 지방지까지 합하면 한 해에만도 무려 10여 명에 이르는데, 이들이 모두 활발한 활동을 펼치는 문인으로 살아남는 예는 그리 많지 않다. 김영남은 그 집단에서 빛났다. 첫 시집《정동진역》은 베스트셀러 시집으로 각광받았고, 두 번째 시집《모슬포 사랑》은 많은 가슴을 적시었다. 세 번째 시집《푸른 밤의 여로》에 이르러 그는 주춤, 고향의 의미와 인생을 다시 되새기기 시작했다. 그 사이 몇 개의 상도 받았고, 정동진에서 제주 모슬포까지 시로 떠돌았다.

"오래도록 그리워할 이별 있다면/ 모슬포 같은 서글픈 이름으로 간직하리./ 떠날 때 슬퍼지는 제주도의 작은 포구, 모슬포./ 모-스-을 하고 뱃고동처럼 길게 발음하면/ 자꾸만 몹쓸 여자란 말이 떠오르고,/ 비 내리는 모슬포 가을밤도 생각이 나겠네.// 그러나 다시 만나 사랑할 게 있다면/ 나는 여자를 만나는 대신/ 모슬포 풍경을 만나 오래도록 사랑하겠네./ 사랑의 끝이란 아득한 낭떠러지를 가져오고/ 저렇게 숭숭 뚫린 구멍이 가슴에 생긴다는 걸/ 여기 방목하는 조랑말처럼 고개 끄덕이며 살겠네./ 살면서, 떠나간 여잘 그리워하는 건/ 마라도 같은 섬 하나 아프게 거느리게 된다는 걸/ 온몸 뒤집는 저 파도처럼 넓고 깊게 깨달으며/ 늙어가겠네. 창밖의 비바람과 함께할 사람 없어/ 더욱 서글퍼지는 이 모슬포의 작은 찻집, '경景'에서." 〈모슬포〉에서

저리 구구절절 이별의 아픔에 대해 늘어놓는 일은 청승맞다. 그

래도 이런 대목, "살면서, 떠나간 여잘 그리워하는 건/ 마라도 같은 섬 하나 아프게 거느리게 된다는 걸/ 온몸 뒤집는 저 파도처럼 넓고 깊게 깨달으며/ 늙어가겠네" 같은 구절은 꽤 아프다. 그이가 오래 타지를 떠돌다가 고향으로 돌아갔다. 이방의 고향을 읊어도 환영하지 않았고, 그러기는커녕 뜨악한 눈빛으로 오히려 배척하는 분위기였다. 후일 그는 이렇게 모든 고향에 대해 성찰했다.

"고향은 우리가 동구 밖을 뒤로하고 버스에 오르는 순간 외면하기 시작한다. 이웃 '숙'이도 먼 곳으로 떠나게 하고, 그녀의 동생은 물에 빠져 죽게 하고, 그 집은 태풍에 허물어지게 하고, 뒤란의 앵두가 익어 수습하고자 아무리 애써도 이를 알려주지 않는다. 발까지 꽁꽁 묶어놓는다. 어쩌다가 들르게 되면 험한 얼굴의 개들만 따라다니며 우리가 마치 수상한 이방인인 것처럼 사납게 짖어온다."

〈푸른 밤의 여로〉 시인의 자서

푸른 밤의 여로

'정동진역'이 시로 각광받아도, '모슬포'가 다시 시로 의미를 부여받아도 정작 그 지역 주민이나 특히 문인들이 행복했던 건 아니었다. 김영남 시인은 그 마음을 충분히 이해한다고 했다. 타 지역 사람이 자신의 고향을 불쑥 상찬한다고 해서 그게 진정한 사랑으로 다가오진 않는다는 거다. 입장을 바꿔 놓아도 마찬가지일 것이라고 그는 이해했다.

전남 장흥에서 태어난 김선두 화백, 지금은 작고한 소설가 이청준 선생, 그리고 김영남 시인이 함께 한 달에 한 번 주기로 고향에 내려가 이청준의 각 지역에 대한 소회와 설화를 들으며 배회했던 건 김영남 시인에게 고향의 의미를 새롭게 일깨워 준 사건이었다. 2004년에는 시인의 시와 소설가의 산문, 화가의 그림이 함께 어울린 《옥색 바다 이불 삼아 진달래꽃 베고 누워》라는 책도 펴냈다. 강진읍 고속버스터미널에 밤 아홉 시 넘어서 내려, 칠량을 거쳐 마량 항까지 만조의 밤안개를 거느리고 코스모스 길을 걸을 때의 감흥이 되살아났다. 고향은 바야흐로 푸르게 다시 시에서 돋아났다.

"푸른 밤을 푸르게 가야 한다는 건 또 얼마나 슬픈 거고 내가 나를 아름답게 잠재워야 하는 모습이냐. 그동안 난 이런 밤의 옥수수 잎도, 옥수수 잎에 붙어 우는 한 마리의 풀벌레도 되지 못했구나. 여기에서 나는 어머니를 매단 저 둥근 사상과 함께 강진의 밤을 걷는다. 강진을 떠나 칠량을 거쳐 코스모스와 만조의 밤안개를 데리고 걷는다."〈푸른 밤의 여로〉 부분

우리는 '푸른 밤의 여로'를 오후에 차로 달렸다. 멀리 두륜산과 달마산이 해안을 나란히 달리는데 그 사이로 강진만이 오후의 역광으로 빛나고, 다시 근경에는 누런 벼들이 꽃밭처럼 함께 달렸다. 김 시인은 이 길을 깊은 밤 만조와 안개를 거느리며 느리게 걸었다는 것인데, 낮에 슬쩍 스쳐도 과연 그 '푸른 밤의 여로'가 나올 법한 비경이다. 강진읍에서 칠량을 거쳐 마량으로 가는 길목에는 처처에 코스모스들이 길가에 나와 손을 흔들고 있었다. 우리는 전망대 '양이정'에 내려 칠량바다를 내려다보며 농담을 하며 쓸데없이 웃곤 했다.

시는 종교 같은 것

시인의 생가는 장흥군 대덕면 분토리 대밭 아래 서 있었다. 번듯한 기와집이었고, 그것도 본채와 사랑채 두 채가 넓은 대지에 늠름하게 늘어선 형국이었다. 문을 열고 들어서자 마당엔 땡감들이 스스로 떨어져 어지러웠다. 시인은 성장기 어머니의 고통을 줄곧 농담 형식으로 털어놓았다. 아버지가 바람피운 대상이었던 '두부집 여인'을 '무공해 최루탄'으로 응징했다가 나중에 아버지에게 마당으로 끌려나와 신음소리 나도록 구타당해야 했던 어머니의 사연도 일행에게 시종 명랑하게 발설했다. 초등학교 졸업반 때 이웃마을 조숙한 여자아이에게 끌려 저수지 아래 어둑한 논둑길에서 동정을 빼앗겼던 이야기도 일행의 배꼽을 담보로 술술 털어놓았다. 보리밭에서 목격했다는 '빨간 엑스란 팬티'는 이런 분위기에서 터져 나온 음담과 농담의 절정이었다.

"나는 누워만 있는 것을 보면 올라가 보고 싶다./ 그 누워 있는 것들에 신나게 올라가서/ 한번 가쁜 숨을 매몰차게 몰아쉬고 싶다.// 가쁜 숨을/ 기쁘게/ 내쉴 것들을 고르다 보니,/ 나를 기다리는 것들이 한두 가지가 아니다./ 누워 있는 침대, 누워 있는 천장, 누워 있는 하늘……" 〈누워 있는 것을 보면 나는 올라타고 싶다〉 부분

그는 누워 있는 것만 보면 올라타고 싶다고 진술하다가 후반부에는 "나는 누워 잠자는 걸 보면 꼭 한번 올라타 보고 싶다./ 누워 있는 상사, 누워 있는 행정, 누워 있는 학문…"이라고 끝을 맺어 아리잠직한 분위기를 '망치긴' 했으나, 어쨌든 음담과 농담 사이에서

도 빛나는 시를 건지는 재기발랄한 시인이다.

그의 고향은 먼 남쪽이지만 삶의 현주소는 서울이다. 그가 고향에 간다고 하지만, 그는 기실 현실을 방기하고 떠도는 것일 게다. 그러니 먼 곳을 돌아온 그이가 필연적으로 성찰할 수밖에 없는 이런 풍경, 진솔하고 아름답지 않은가.

"골목이 시작되고, 골목 옆구리/ 파도 출렁대는 곳에 환한 창이 있다./ 그 창에선 초저녁부터 김칫국 냄새가 번지고/ 가끔 웃음소리도 들리곤 한다. 그런데 빠져나온/ 웃음소리 하나가 창을 부풀게 한다./ 자꾸만 부푸는 게 커다란 분홍 풍선이다./ 쪼그리고 앉아 그 풍선 잡고 있으니 내가 질질 끌려 내려간다./ 끌려가 감나무에 걸려 대롱대다/ 바다에 빠져 죽을 것 같아 안간힘으로 버티어본다./ (……) 난 그 풍선을 잡고 먼 나라로 가고 싶다./ 항구란 배만 타는 곳이 아니라 그런 풍선을 잡고 더 따뜻하고 아늑한 나라로 출발하는 곳임을,/ 풍선에 바람이 빠져버리면/ 예서부터 흔들리는 귀환이 시작되는 곳임을/ 배운다, 마량항 부둣가에 고동처럼 붙어서."〈마량 항 분홍 풍선〉

고향 포구에 이르러 낮고 허름한 토담 너머로 흘러나오는 따뜻한 가족의 웃음소리를 접했던 것인데, 그 풍경이 두고 온 집의 쓸쓸한 식탁을 상기시켜 '마량 항 분홍풍선' 같은 분홍빛 슬픔의 상상력이 발동된 것이었다. 타지를 떠돌지 않고 타인을 탐하지 않았다면, 제대로 그리워할 수 없는 가족과 고향을 그는 궁극에 움켜

잡은 셈이다. 그는 "시를 쓰지 않았다면 술로 빠졌거나 패가망신했을 것"이라며 "시는 내 모든 걸 구원해 주고 품어주는 종교 같은 것"이라고 간절하게 말했다. 그 종교 때문에 그는 날마다 이리저리 뒤척이며 불면의 밤을 보내는가.

"내 사고의 총 생산, 나의 제품들은/ 고객들 요구에는 얼마나 부응하고 있는 것일까?/ 얼마나 고객들의 따뜻한 밥이 되고, 술이 되고 있는 걸까?" 〈나의 제품은 고객감동을 지향한다〉 부분

푸른 밤의 여로
- 강진에서 마량까지

둥글다는 건 슬픈 거야. 슬퍼서 둥글어지기도 하지만 저 보름달을 한번 품어보아라. 품고서 가을 한가운데 서봐라.

푸른 밤을 푸르게 가야 한다는 건 또 얼마나 슬픈 거고 내가 나를 아름답게 잠재워야 하는 모습이냐. 그동안 난 이런 밤의 옥수수 잎도, 옥수수 잎에 붙어 우는 한 마리의 풀벌레도 되지 못했구나. 여기에서 나는 어머니를 매단 저 둥근 사상과 함께 강진의 밤을 걷는다. 강진을 떠나 칠량을 거쳐 코스모스와 만조의 밤안개를 데리고 걷는다. '무진기행'은 칠량의 전망대에 맡겨두고 부질없는 내 시와 담뱃불만 데리고 걷는다. 걷다가 도요지 대구에서 추억의 손을 꺼내 보름달 같은 청자항아릴 하나 빚어 누구의 뜨락에 놓고, 나는 박처럼 푸른 눈을 욕심껏 떠본다.

구두가 미리 알고 걸음을 멈추는 곳, 여긴 푸른 밤의 끝인 마량이야. 이곳에 이르니 그리움이 죽고 달도 반쪽으로 죽는구나. 포구는 역시 슬픈 반달이야. 그러나 정말 둥근 것은 바로 여기에서부터 출발하는 거고 내 고향도 바로 여기 부근이야.

김영남

    1957년 전남 장흥에서 출생하여 중앙대학교 경제학과, 예술대학원을 졸업했다. 1988년 《월간문학》 신인상에 〈월동일기〉 외 1편이 당선되었고. 1997년 세계일보 신춘문예에 〈정동진역〉이 당선되어 등단했다. 윤동주 문학상, 중앙문학상, 문학과창작 작품상, 현대시작품상을 수상했으며, 시집으로 《정동진역》《모슬포 사랑》《푸른 밤의 여로》 등이 있다.

삶의 허기로 긋는 성호^{聖號}

/
김명인 〈너와집 한 채〉

붉은 낙엽만 하염없이 바라본다

서글픈 노랫가락이 시가 되다

시인이 태어난 마을에 해가 진다. 서울에서 오전부터 내내 달려온 길, 예전 같으면 1박2일 걸려 여행하듯 내려와야 했다는 울진 후포항에 해가 지고 있다. 동해 너머 일본 쪽으로 빠져나간 태풍 때문인지 하늘은 구름으로 뒤덮여 있고 항구 뒤쪽 산맥 너머로 숨을 깔딱이며 넘어가는 해는 마지막 빛을 그 구름들 사이로 쏘아 올린다. 희미한 빛이 포구의 물 위에서 여리게 놀고 있다. 맑은 날 같았으면 김명인 시인, 그의 시처럼 하늘과 바다에서 "불의 허기로 긋는 성호聖號!"를 그리는 '장엄미사'가 봉헌될 시각이었다.

오징어배가 새벽에 들어오면 서둘러 서창으로 나가 생오징어를 오백 두름이나 받아다가 나흘에 걸쳐 배를 따서 말렸던 어머니. 그 곁에서 하릴없이 오징어 창자들을 만지며 푸른 소년기를 보내야 했던 시인. 그가 이 공간을 벗어나는 길은 산맥을 넘어가거나 바다로 나아가는, 두 가지밖에 없었다. 고등학교 2학년 무렵 오징어가 많이 잡히는 '어번기'를 맞아 학교가 쉬자 그는 울릉도 쪽으로 나아가는 오징어잡이 배에 올랐다. 일찍이 이 길을 택한 동년배들은 이미 바다에 익숙해져 제 몫을 해내고 있었다. 바다 쪽 탈출구를 곁눈질해본 것인데, 그는 오징어들과 겨룰 현장에 도착하기도 전에

멀미에 시달려 선실에서 초죽음 상태로 누워 있었다. 간신히 기운을 차려보니 모든 작업을 마치고 귀항하는 뱃전 너머로 후포 항이 내다보였다. 그의 인생길이 바다 쪽으로 난 게 아니라는 건 확실해졌다. 이제 산맥을 넘어가는 일만 남은 것인데, 그때까지 그에게 공부는 관심 바깥에 있었다.

  아버지는 해방 전 일본에서 염색업을 하다가 귀국해 고향에서 징용을 피해보려고 광산을 벌였다. 하지만 이후 전쟁 통에 본인은 구사일생으로 살아나고 형제와 누이들이 참혹하게 죽어간 비극을 겪은 이후론 망연자실, 생업에서 손을 놓아버렸다. 이후 생계를 도맡아야 했던 어머니는 바깥으로 떠돌았고, 생때같은 자식들을 잃어버린 할머니는 바닷가 밭고랑을 오르내리며 신음 같은 노랫가락을 흥얼거렸다. 시인은 어린 시절 할머니를 따라가 밭둑에서 바다를 내려다보며 그 노래를 들으면서 성장했다. 그 탄식 같은 서글픈 노랫가락이 시의 배후에 깔리는 기조음이 된 것일까.

  "바람이 쉬임 없이 모래를 퍼나른다/ 떼지어/ 낮게 지붕을 타고 흐르는 물새들/ 결심은 이내 어두워지고 저 젖은 바다의 힘줄에/ 모든 것은 또한 감길 뿐/ 우리들은 묶여 있다 이물을 서로 대고/ 굳게 묶여서/ 빈 배처럼 다정하게 흔들린다// 이 바다를 떠날 수 있을까/ 살갗에 깊이깊이 찔려오는 낚싯바늘이/ 마침내 조금도 아프지 않다/ 어깨엔 온통 새겨지는 문신 서른 번/ 더는 털었던 빈 손 위에 식솔을 감아주며/ 영동은 또한 저물고 있다" 〈영동행각 2〉 부분

우리들은 묶여 있다   해안도로를 달리는데 태풍의 여운에 시달리는 바다가 길 위까지 거센 파도를 넘겨 보냈다. 서둘러 와이퍼를 작동해보지만 바다의 요동이 심상치 않다. 일행은 그날 밤 식사를 마친 후 바닷가에서 나고 자라 낚시에 일가를 이룬 김명인 시인과 방파제 안쪽, 태풍을 피해 서로 이물을 맞대고 삐걱거리는 배들 사이에서 밤바다에 낚싯줄을 드리웠다. 방파제 바깥에 선 전속력으로 달려와 온몸으로 부딪치는 파도들이 으르렁대고 있었다. 그 소리는 멀리서 함포사격을 하는 것처럼 들리기도 했고, 그래서 전쟁 통에 포화를 피해 먹을 것을 낚는 것 같은 간절한 심정마저 슬며시 돋아날 정도였다. 이물을 맞댄 배들은 끊임없이 삐걱거리며 신음소리를 냈다. 시인은 지난 시절 서로 굳게 묶인 배들을 보면서 '이 바닥'을 떠날 결심을 해보아도 "젖은 바다의 힘줄에 모든 것은 또한 감길 뿐 우리들은 묶여 있다"고 탄식했다.

그는 결국 동네 형과 함께 서울로 무단 상경해 산맥을 넘는 탈출을 시도했다. 우여곡절 끝에 서울의 대학에, 그것도 고려대 국문과에 합격할 수 있었다. 조지훈 선생의 수업을 듣다가 자작시를 내놓으라는 숙제에 임하여 시를 쓰기 시작했고 고대신문 문예상에 당선되기도 했지만 신춘문예는 아직 소식이 없었다. 정한숙 선생의 수업에 문제가 생겨 제때 졸업이 힘들어지자 자원입대를 신청했는데, 자신도 모르게 졸업 처리가 된 것을 알고 동두천에서 짧은 교사 생활을 하다 입대했다. 그 시절 미군 사령부가 주둔해 있던 그 동두천은 그가 베트남까지 다녀와 제대한 후 신춘문예에 당선돼 시인의 길로 나서서 낸 첫 시집의 제목이 되었다.

"기차가 멎고 눈이 내렸다 그래 어둠 속에서/ 번쩍이는 신호등/ 불이 켜지자 기차는 서둘러 다시 떠나고/ 내 급한 생각으로는 대체로 우리들도 어디론가/ 가고 있는 중이리라 혹은 떨어져 남게 되더라도/ 저렇게 내리면서 녹는 춘삼월 눈에 파묻혀 흐려지면서// 우리가 내리는 눈일 동안만 온갖 깨끗한 생각 끝에/ 역두驛頭의 저

탄 더미에 떨어져/ 몸을 버리게 되더라도/ 배고픈 고향의 잊힌 이름들로 새삼스럽게/ 서럽지는 않으리라 그만그만했던 아이들도/ 미군을 따라 바다를 건너서는/ 더는 소식조차 모르는 이 바닥에서//
더러운 그리움이여 무엇이/ 우리가 녹은 눈물이 된 뒤에도 등을 밀어/ 캄캄한 어둠 속으로 흘러가게 하느냐/ 바라보면 저다지 웅크린 집들조차 여기서는/ 공중에 뜬 신기루 같은 것을/ 발밑에서는 메마른 풀들이 서걱여 모래 소리를 낸다" 〈동두천1〉 부분

  더러운 그리움은 눈을 녹여 눈물을 만들고, 그 눈물을 어둠 속으로 흘러가게 했다. 방파제를 넘어온 바람이 허술한 옷차림을 비집고 들어와서 자동차로 대피해 바람 소리를 경청하는 중인데, 바람 사이로 비명 같은 함성이 들려온다. 서둘러 나가보니 일행 중 한 명이 태풍을 피해 방파제 안쪽으로 숨을 헐떡거리며 피난 온 농어 한 마리를 건져 올렸다. 프로 낚시꾼으로 소문난 시인은 팔뚝만한 황어를 들어 올리다 아쉽게도 낚싯대를 부러뜨렸다는 전갈이다. 일행에게 방파제 안쪽의 밤낚시야 농담 같은 유희이지만, 바닷가 사람들에게 바다 속 물고기들과 싸움은 생존의 밧줄에 목을 건 사투임은 두말할 필요도 없다.

  "장례에 모인 사람들 저마다 섬 하나를/ 떠메고 왔다 뭍으로 닿는 순간,/ 바람에 벗겨지는 연기를 보고 장례식이/ 이미 시작되었다는 것을 알아차리지만/ 우리에게 장례 말고 더 큰 축제가/ 일찍이 있었던가/ 녹아서 짓밟히고 버려져서/ 낮은 곳으로 모이는 억

만 년도 더 된 소금들,/ 누구나 바닷물이 소금으로 떠다닌다는 것을 알고 있지만/ 아무도 말하지 않는다/ 죽음은 연둣빛 흐린 물결로 내 몸 속에서도 출렁거리고 있다" 〈바닷가의 장례〉 부분

곡절 많았던 유목의 시간

일행 중 한 명이 어두운 바닷가에서 랜턴을 밝혀놓고 농어에 칼질을 하는데, 시인은 삐걱거리는 배 위에서 부러진 낚싯대를 치우고 새 낚시를 드리운 채 검은 바다만 응시하고 있었다. 정녕 고기를 잡기 위해 흔들리는 배 위에서 저리 묵언 수행을 하는 것일까.

다음날 아침 태풍에 쫓겨 온 고기들이 후포 항 앞바다 정치망 그물이 찢어질 정도로 걸려들었던 모양이다. 새벽부터 포구가 부산하고, 근래 보기 드물게 만선을 이룬 배 주변에서 서로 생오징어를 더 많이 받아가려는 아낙들의 목소리가 높았다. 그리하여 바야흐로 가을 아침 해가 따갑게 선창을 비추는 가운데 시인이 50여 년 저쪽에서 어머니와 나란히 앉아 행했던 그 작업과 한 치도 다르지 않은 풍경이 벌어지고 있었다. 그 사이를 천천히 배회하는 시인의 표정이 미묘하다.

"한 生을 바꿔놓는 것은 우연이 아닐지라도/ 남해 먼 섬이나 그보다 더 아득한/ 열대해쯤에서 이곳으로 이사한 물밑 사정/ 땅 위에서는 짐작이 안 되지만/ 일렁이는 수면과 속의 해류/ 사이로 펼

처지는 물고기들 고달픈 접영,/ 버터플라이로 더듬어 온/ 몇 만리 유목이 흐르는지,// 보이지 않는 물밑으로/ 나비 한 마리 날아가고 있다."〈버터플라이〉 부분

　몇 만 리나 흘러온 것 같은 생의 유목遊牧. 생이 보랏빛 등꽃처럼 늘 환한 것만은 아니어서 구비마다 모퉁이마다 곡절도 많았을 터인데, 시인은 그 우회로를 어떻게 돌아 나와 이제 전생처럼 펼쳐지는 후포 항 오징어들 곁에서 한가롭게 가을볕을 쬐는 중인가.

　30여 년 전 사귀었던 여인이 근년에 갑자기 전화를 걸어왔다고, 후포 항으로 내려오는 차 안에서 시인은 말했다. 피차 환갑이 넘었을 나이인데, 시인은 끝내 만나지 않았다고 했다. "달디 달았던 보랏빛 침잠, 짧았던 사랑/ 업을 얻고 업을 배고 업을 낳아서/ 내 한 겹 날개마저 분분한 낙화 져 내리면"〈등꽃〉 세월도 희미해지고 분분히 흩어진다. 그리하여 이제 할 수만 있다면, 등 뒤로 따라오는 모든 길은 지워버리고, 깊은 산골 너와집 한 채로 서서, 인생의 가을, 떨어지는 붉은 낙엽만 하염없이 바라보고 싶은 게다.

　"길이 있다면, 어디 두천쯤에나 가서/ 강원남도 울진군 북면의/ 버려진 너와집이나 얻어 들겠네, 거기서/ 한 마장 다시 화전에 그슬린 말재를 넘어/ 눈 아래 골짜기에 들었다가 길을 잃겠네// 저 비탈바다 온통 단풍 불붙을 때/ 너와집 썩은 나무껍질에도 배어든 연기가 매워서/ 집이 없는 사람 거기서도 눈물 잣겠네// (……) 부뚜막에 쪼그려 수제비 뜨는 나 어린/ 처녀의/ 외간 남자가 되어/

아주 잊었던 연모 머리 위의 별처럼 띄워놓고// 그 물색으로 마음은 비포장도로처럼 덜컹거리겠네/ 강원남도 울진군 북면/ 매봉산 넘어 원당 지나서 두천/ 따라오는 등 뒤의 오솔길도 아주 지우겠네/ 마침내 돌아서지 않겠네"〈너와집 한 채〉 부분

그는 아홉 번째 시집 《꽃차례》의 자서에 "마당가 벽오동 아래 평상平床을 펴고 설핏 낮잠 들었는데, 꿈길 따라나선 잠깐이 일생이 되었다"고 써 넣었다.

너와집 한 채

길이 있다면, 어디 두천쯤에나 가서
강원남도 울진군 북면의
버려진 너와집이나 얻어 들겠네, 거기서
한 마장 다시 화전에 그슬린 말재를 넘어
눈 아래 골짜기에 들었다가 길을 잃겠네

저 비탈바다 온통 단풍 불붙을 때
너와집 썩은 나무껍질에도 배어든 연기가 매워서
집이 없는 사람 거기서도 눈물 잣겠네

쪽문을 열면 더욱 쓸쓸해진 개옻 그늘과
문득 죽음과, 들풀처럼 버팅길 남은 가을과
길이 있다면, 시간 비껴
길 찾아가는 사람들 아무도 기억 못하는 두천
그런 산길에 접어들어
함께 불 붙는 몸으로 저 골짜기 가득
구름 연기 첩첩 채워 넣고서
사무친 세간의 슬픔, 저버리지 못한

세월마저 허물어버린 뒤

주저앉을 듯 겨우겨우 서 있는 저기 너와집,

토방 밖에는 황토흙빛 강아지 한 마리 키우겠네

부뚜막에 쪼그려 수제비 뜨는 나 어린 처녀의

외간 남자가 되어

아주 잊었던 연모 머리 위의 별처럼 띄워놓고

그 물색으로 마음은 비포장도로처럼 덜컹거리겠네

강원남도 울진군 북면

매봉산 넘어 원당 지나서 두천

따라오는 등 뒤의 오솔길도 아주 지우겠네

마침내 돌아서지 않겠네

김명인

1946년 경북 울진에서 출생하여 고려대학교 국문학과를 졸업했다. 1973년 중앙일보 신춘문예에 〈출항제〉가 당선되었다. 시집으로 《동두천》《머나먼 곳 스와니》《물 건너는 사람》《푸른 강아지와 놀다》《바닷가의 장례》《길의 침묵》《바다의 아코디언》《파문》 등이 있으며, 소월시문학상, 현대문학상. 이산문학상, 대산문학상을 수상했다. 현재 고려대학교 문예창작학과 교수로 재직 중이다.

어머니와 아들의 합작 명품 시
/
이정록 〈의자〉

"세상 사는 게 별거냐 …… 의자 몇 개 놓는 거지"

엄니의 화법   그는 튼튼해 보였다. 널찍한 어깨에 듬직한 키, 호방한 웃음과 '붕붕거리는 목소리', 어떤 이야기든 그의 입을 통해서 나오면 걸쭉한 만담으로 육화되어 들리는 재미, 저 속에 슬픔이 깃들일 틈이 있기나 한 건지 의심스러워 실눈을 뜨고 쳐다보면 이내 속을 알 수 없는 심상한 표정으로 돌아가 있는 사내, 그이가 이정록 시인이었다. 천안 중앙고등학교 교정에서 시인을 만나 그의 모친이 홀로 사는 홍성 '황새울'까지 내려가는 내내 그는 스스럼없이 이야기를 풀어냈다.

그는 어머니를 자주 보면 시가 너무 많이 나와서 안 된다고 웃었다. 데뷔 20년째 접어든 그가 내놓은 다섯 권의 시집에는 고루 어머니 이야기가 실려 있다. 모친이 말씀은 많지 않은 편이지만, 툭툭 던질 때마다 아들은 밤을 줍듯 그대로 시로 주워 올린다. 〈엄니의 화법〉이 생산된 배경을 보면 그 과정이 손에 잡힌다.

장발을 하고 다니던 시절 어느 날 파마를 하고 집에 갔더니만 모친이 고개만 내밀고 "큰애야, 너는 왜 농사도 안 짓는 애가 검불은 이고 다니냐?"고 말했다. 5개월 후 머리를 짧게 깎고 파마기를 없앤 후 갔을 때 엄니는 "어째 나라 경제가 어렵다더니 농사 채 다 팔아먹었냐?"고 다시 말했다. 몇 달이 흘러도 잊지 않고 안쪽 바깥 쪽 대구를 맞춰버리니, 거기다가 몇 줄만 첨가하면 그대로 시가 아니 될 수 없다는 것이다.

"배냇짓부터 가르쳐준 엄니와 말싸움 해봐야 뭐하나?/ 선산 쪽에다 혼잣말 던진다// 머리칼에 불두화 수북헌 거 보니께/ 엄니가 내 땅 다 훑어갔구먼그류.// 뽑지도 않은 배추밭에 함박눈 내린다/ 하느님도 농사 채 다 팔아잡쉈나?/ 그득그득 내려앉는 하늘 검불들." 〈엄니의 話法〉 부분

모친의 머리에 불두화 같은 허연 검불이 수북이 늘어나 있어 아들은 "엄니가 내 땅 다 훑어갔구먼그류"라고 말대답하려다가 애먼 함박눈 타령만 한다. 홍성군 홍동면 대영리 '황새울'에서 고추 고구마 토마토 농사를 지으며 홀로 지내는 이의순 여사는 일행이 황새울에 도착해 "아들에게 시를 준다는 소문이 자자하다"고 인사를 건네자 "몰류, 나는…"이라며 대수롭지 않다는 듯 고개를 돌렸다. 사실, 시인의 명민한 감수성이야말로 어머니의 말 한마디를 시로 승화시킬 수 있었고, 모친을 시인 반열로 치켜세운 동력일 터이다. 하지만 모친의 지혜와 애정이 없으면 이 또한 불가능했을 건 자명하다. 이들 모자의 대표적인 합작 명품은 2006년 다섯 번째 시집 표제작으로 내세운 〈의자〉라는 시가 아닐까.

"병원에 갈 채비를 하며/ 어머니께서/ 한 소식 던지신다// 허리

가 아프니까/ 세상이 다 의자로 보여야/ 꽃도 열매도, 그게 다/ 의자에 앉아 있는 것이여// 주말엔/ 아버지 산소 좀 다녀와라/ 그래도 큰애 네가 아버지한테는 좋은 의자 아녔냐// 이따가 침 맞고 와서는/ 참외밭에 지푸라기도 깔고/ 호박에 똬리도 받쳐야겠다/ 그것도 식군데 의자를 내줘야지// 싸우지 말고 살아라/ 결혼하고 애 낳고 사는 게 별거냐/ 그늘 좋고 풍경 좋은 데다가/ 의자 몇 개 내놓는 거여" 〈의자〉 전문

세상 사는 게 별거 아니라 서로 의자가 되어주는 일이란 말씀, 그것이 생명 있는 모든 것들이 살아낼 수 있는 이치라는 모친의 그 말씀, 시인 아들의 가슴에 벼락 치듯 박혀 들었을 게다. 황새울까지 가는 차 안에서 어머니가 집에 계실지 모르겠다고 시인이 미심쩍어 했던 데다 모친을 뵈러 간다는 생각보다 그냥 시인의 고향집을 찍으러 간다는 무심함까지 가세해 불손하게도 빈손으로 시인의 고향집에 들어섰던 것인데, 모친은 아들이 부르자 잠시 뜸을 들이다가 환한 얼굴로 슬며시 나타났다. 아들이 "엄니, 어떻게 우리 올 줄 알고 머리까지 감으셨네"라고 농을 건네도 엄니의 표정은 흔들림이 없다.

운명이 된 글쓰기

3남2녀 중 장남으로 태어난 시인은 여섯살에 학교에 들어갔다. 영재여서가 아니라 동네 아이가 못살게 굴어 일찌감치 학교로 피신시킨 거였다. 학창시절 내내 시인의 별

명은 '애기'였다. 고등학교 때까지 반에서 1번을 차지했는데, 대학에 들어가 막걸리를 마시자 갑자기 키가 1년 사이에 9센티미터나 커버려 지금의 장한이 됐다고 시인은 말했다. 그가 시인이 된 내력을 들어보면, 역시 시인은 타고나는 것이란 생각이 다시 굳어진다.

아버지가 대학은 못 보내 준다고 공무원 시험이나 보라 하여 고등학교에서 직업반인 '상과'를 선택했는데, 친구가 자기는 은행시험을 봐야 한다고 사정하여 '문과'로 바꾸어주었고, 공대를 가려고 이과를 선택했는데 눈이 나빠서 문과로 바꾸어야 한다는 친구가 쥐포 3마리를 사주며 다시 바꾸자 하여 이과로 간 것인데, 문과 이과 상과를 다 거치게 된 그가 반에서 글짓기 숙제를 대표로 내야 하는 국면에 이르러 이정록이 문과에서 왔다는 이유만으로 얼떨결에 선수로 뽑히는 바람에 글쓰기의 운명에 발을 들여놓았다는 것이다.

이런 판국에 세 살 위의 누나가, 시인이 일찍 학교 들어가는 바람에 한 학년 차이밖에 나지 않았는데, 아버지가 딸내미까지 고등학교는 보내지 못한다 하여 단식투쟁까지 했건만 끝내 공장에 취직했고, 첫 월급으로 그 누나가 한국여류수필문학전집을 샀다가 보너스로 나온 만해 한용운 시집을 동생에게 주었던 것이다. 후일 시인이 된 그 고등학교 2학년 동생은 한참 상고 다니던 여학생을 짝사랑하던 때여서 만해의 시 〈나룻배와 행인〉에 꽂혀버렸다.

"나는 나룻배/ 당신은 행인.// 당신은 흙발로 나를 짓밟습니다./

나는 당신을 안고 물을 건너갑니다./ 나는 당신을 안으면 깊으나 얕으나 급한 여울이나/ 건너갑니다"로 시작되는 그 시는 짝사랑하는 여학생 집 소유의 저수지 나룻배에 앉아 있곤 하던 그의 심정에 절절히 박혔다. 대학 2학년 때 다시 우연히 서점에서 정희성 시인의 시집 《저문 강에 삽을 씻고》를 사서 자취방으로 돌아가는 길에 읽고 또 읽으면서 '시가 사람을 울릴 수도 있다'는 사실(정희성 시인은 1회 김수영문학상을, 이정록은 20회 김수영문학상을 받았다)에 놀랐다. 이후 시라는 것을 쓰기 시작해, 아버지가 이장이어서 집에 《샘터》가 배달되던 시절 우연히 그 잡지의 독자투고란에 시를 응모해서 〈지난 가을〉이라는 시가 최초로 활자화되자, 전국 각지에서 펜팔이 쇄도했다. 후일 약혼자의 성화에 쫓겨 응모했다가 대전일보 신춘문예에 당선됐고, 다시 4년 후 동아일보 신춘문예에 뽑혔다.

검은 우물

워낙 그의 재담이 승한 편이어서, 한 가지 이야기에도 길게 흠뻑 빠져버리게 마련이다. 도대체 그에게서 슬픔의 정서는 얼굴만 맞대고 있으면 느껴지지 않는 편이어서 짐짓 어깃장을 놓았더니 그는 자신의 '고난의 깃발'을 가까운 사람들은 안다고 했다. 가깝지 않아서 그가 털어놓지 않은 이야기들을 듣지 못해 아쉬웠고, '황새울'에 도착할 무렵 길가를 가리키며 저곳이 삼촌이 서울에서 죽어 내려와 상여로 떠났던 자리라고 스치듯 말했던 기

억도 났다. 할머니가 아들을 못 낳은 집의 후처로 들어갔는데, 다행히 아들을 줄줄이 낳았지만 장남인 아버지 밑으로 삼촌들이 세 명이나 연달아 자살했다. 성장기 시인의 가슴에 파인 그 검은 우물이야말로 "켜놓고 잠들어도 눈부시지 않은 빛, 백열전구처럼 몸을 날려 목숨을 끊는 일은 이제 나의 가계에서는 없어야겠다. 터져 버린 알전구의 날 선 밑동을 돌릴 때, 섬뜩해라. 그 칼 가는 소리는 마치 이승의 빛을 서둘러 꺼버린 삼촌들의 신음 같다"〈형광등〉부분는, 적어도 겉으로는 만담가에 가까운 그가 울림이 깊은 시를 쓸 수밖에 없는 동인일 것이다.

하지만 이런 서사적인 시보다도 이정록 시인의 가장 빛나는 매력은 '한 소식'에 가까운 짧은 시들이다. 이를테면 "돌부처는/ 눈 한 번 감았다 뜨면 모래무덤이 된다/ 눈 깜짝할 사이도 없다// 그대여/ 모든 게 순간이었다고 말하지 마라/ 달은 윙크 한 번 하는데 한 달이나 걸린다"는 〈더딘 사랑〉이나, "어미의 부리가/ 닿는 곳마다// 별이 뜬다// 한 번에 깨지는/ 알 껍질이 있겠는가// 밤하늘엔/ 나를 꺼내려는 어미의/ 빗나간 부리질이 있다// 반짝, 먼 나라의 별빛이/ 젖은 내 눈을 친다"는 〈줄탁〉 같은 시는 오래 남을 만하다. 지구라는 알에 갇혀 있는 병아리가 우주에서 쪼아주는 어미(혹은 신)의 부리질을 별빛으로 받아들이는 시인의 감수성은 놀랍다.

한 번은 친구가 참치 회를 산다 하여 제법 급이 높은 비싼 걸 시켰더니 취중에 기가 막힌 시가 떠올라 자신이 술값을 계산하고, 너무 기분이 좋아서 다시 맥주집에서 2차를 산 뒤 서둘러 집에 가 책상머리에 앉았는데 아무 생각도 안 났다고 했다. 다시 그 집에 가서 똑같은 안주를 시켜놓고 술을 마셔도 짧고 명쾌하게 왔던 그 시구는 종적을 감춰버려, 안 써도 되는 술값만 아깝게 탕진한 적도 있었다.

황새울에서 나와 시인의 각별한 누님 이정희 여사를 홍성읍에서 잠시 일별한 뒤 서해의 궁리포구로 갔다. 포구의 밤, 시인은 그가 동화와 동시에 빠져 지내는 근황을 설명했는데(최근 첫 동시집 《콧구멍만 바쁘다》를 출간했다), 시인의 모친이 황새울에서 당신은 평생 머슴처럼 일했지만 자식들은 농사를 도와주지 않고 연필만 잡고 있다고 푸념했는데, 최소한 7편 이상 비축돼 있지 않으면 청탁에 응하지 않는다든지, 벌써 두세 권 분량의 시를 써놓고 차기 시집에 넣고 빼는 일을 저울질하고 있다는 그의 이야기를 들으면서, 이정록은 어머니 못지않은 부지런한 농사꾼이라는 사실을 절감할 수밖에 없었다. 왜 동시나 동화에 꽂히는지 물었을 때에서야, 그에게 시라는 것은, '가슴을 후벼 파는' 장르라는 사실을 알았다.

"시는 앞발을 그러모아서 날카로운 것으로 지 가슴을 짜야 나오는 것이고, 스트레칭을 해서 등딱지를 긁는 것이 아동문학이여. 시는 가슴의 상처와 펜 끝이 너무 밀착돼 있지만 동화나 동시는 달빛 출렁이는 밤바다처럼 여유가 있어. 여튼 가슴을 후벼 파는 게 시라면, 아이들 문학은 따사롭고 위무를 받는 느낌이유."

의자

병원에 갈 채비를 하며
어머니께서
한 소식 던지신다

허리가 아프니까
세상이 다 의자로 보여야
꽃도 열매도, 그게 다
의자에 앉아 있는 것이여

주말엔
아버지 산소 좀 다녀와라
그래도 큰애 네가 아버지한테는 좋은 의자 아녔냐

이따가 침 맞고 와서는
참외밭에 지푸라기도 깔고
호박에 똬리도 받쳐야겠다
그것도 식군데 의자를 내줘야지

싸우지 말고 살아라
결혼하고 애 낳고 사는 게 별거냐
그늘 좋고 풍경 좋은 데다
의자 몇 개 내놓는 거여

이정록

1964년 충남 홍성에서 출생하여, 1985년 공주사범대학교 한문교육학과를 졸업했다. 1989년 대전일보 신춘문예에 시 〈농부일기〉가 당선되었으며, 1993년 동아일보 신춘문예에 시 〈혈거시대〉가 당선되었다. 김수영문학상과 김달진문학상을 수상했다. 시집 《벌레의 집은 아늑하다》《풋사과의 주름살》《버드나무 껍질에 세들고 싶다》《제비꽃 여인숙》《의자》, 동화책 《귀신골 송사리》《십 원짜리 똥탑》, 동시집 《콧구멍만 바쁘다》 등이 있으며, 천안 중앙고등학교 교사로 재직 중이다.

그래도 또 오너라, 거짓 사랑아!
/
문정희 〈물을 만드는 여자〉

사랑의 도가니서 냉탕으로 던져진 소녀
이순을 넘긴 지금도 그 그리움 찾아 떠돌아

시인이란 운명

아들이 재수 끝에 수능시험을 본 다음 날, 문정희 시인과 함께 그의 고향 전남 보성으로 떠났다. 성장기에는 그냥 아내에게 모든 걸 맡겨 놓았는데, 그 아내마저 직장 일로 동분서주했고 나는 나대로 아내에게 양육의 부담을 넘겨 놓았다고 방심했는데, 막상 결과를 보니 씁쓸했던 것이고, 그래서 아들에게 새로운 기회를 주고 싶어서 재수를 은연중 권유했던 것인데, 그 일 년의 세월은 우울증 비슷한 증세가 찾아올 만큼 씁쓸하고 아픈 기간이었고, 결과야 모르지만 어쨌든 아들이 마라톤 결승점을 통과하고 난 다음날 문정희 시인과 떠나게 된 여정이었다. 그랬던 만큼 그 여정을 준비하는 과정에서 추렸던 문정희의 시 〈아들에게〉가 그리 전율로 왔을 것이다.

"아들아/ 너와 나 사이에는/ 신이 한 분 살고 계시나보다// 왜 나는 너를 부를 때마다/ 이토록 간절해지는 것이며/ 네 뒷모습에 대고/ 언제나 기도를 하는 것일까?// 네가 어렸을 땐/ 우리 사이에 다만/ 아주 조그맣고 어리신 신이 계셔서// 사랑 한 알에도/ 우주가 녹아들곤 했는데// 이제 쳐다보기만 해도/ 훌쩍 큰 키의 젊은 사랑아/ 너와 나 사이에는/ 무슨 신이 한 분 살고 계셔서/ 이렇게

긴 강물이 끝도 없이 흐를까?"〈아들에게〉

 시를 향해 가는 길은 일면 운명적이기도 하고, 그 운명을 받아들인 자들은 무당의 업보 같은 고통을 감내해야만 그 굴레 안에서 그나마 평화를 찾을 수 있는 지난한 여로인 것 같다. 시인 문정희. 그의 시는 대부분 직정적이고 솔직하며 뜨거운 편이다. 관념어로 포장하고 기교로 우회하며 알 듯 모를 듯 여백을 남기면서 세련되게 달아나는 시들과는 차별화된다. 이를테면 이렇다.

 "내 몸 안에 러브호텔이 있다/ 나는 그 호텔에 자주 드나든다/ 상대를 묻지 말기 바란다/ 수시로 바뀔 수도 있으니까/ 내 몸 안에 교회가 있다/ 나는 하루에도 몇 번씩 교회에 들어가 기도한다/ 가끔 울 때도 있다/ 내 몸 안에 시인이 있다/ 늘 시를 쓴다 그래도 마음에 드는 건/ 아주 드물다/ 오늘, 강연에서 한 유명 교수가 말했다/ 최근 이 나라에 가장 많은 것 세 가지가/ 러브호텔과 교회와 시인이라고/ 나는 온몸이 후들거렸다/ 러브호텔과 교회와 시인이 가장 많은 곳은/ 바로 내 몸 안이었으니까"〈러브호텔〉 부분

 자신의 몸 안에 러브호텔과 교회와 시인이 한꺼번에 살고 있다고 과감히 고백하는 시인. 그는 "생래적으로 뒷받침되는 시가 아닌데 조탁만 하는 시는 속이 터져서 못 읽는다."고 말했다. 그는 시가 어설프게 마무리되어도 타고난 시인이 좋다고, 자신도 모르게 간혹 말장난을 친 건 스스로 견디지 못해 답답해서 풀어버린다고 했다. 문정희의 시집은 미국 2권, 독일 프랑스 알바니아 스페인에서

각각 1권씩 번역될 정도로 한국의 다른 시인들에 비해 외국에서 유독 많이 출간된 편인데, 이는 그의 솔직하고 직정적인 면이 "번역했을 때 훼손되는 게 적어서 더 소구되는 측면이 작동했다"는 분석도 있다. 광주까지는 열차로, 다시 광주에서 보성까지는 승용차를 빌려서 내달리는 여정, 열차 안에서 시인은 준비된 보따리를 내려놓고 술술 지난 삶과 시에 대해 풀어냈는데, 미처 다 받아내지 못할 정도로 펼쳐놓은 보자기는 턱없이 좁았다.

삶이 시의 강물이 되다

그는 한마디로 사랑 속에서 태어났고 그 사랑의 도가니에서 살다가 어느 날 냉탕으로 던져진 존재였다. 정확히 '냉탕'이라기보다는, 여전히 모든 배려는 어느 정도 작동했겠지만 상대적으로 그 전에 받았던 무한한 사랑으로부터 배제된 상태여서 충분히 그리 느낄 만한 조건이었다. 전남 보성군 노동면 학동리에서 두 오빠 아래 태어난 막내딸이 그이였는데, 지역 유지였던 부친 문사빈은 느지막이 본 막내딸을 막무가내로 사랑했다. 머슴들에게 업혀 두 시간씩이나 가야 했던 노동국민학교 대신, 집 앞에 그 학교의 분교 '명봉분교'를 세워 딸을 그리 보내다가 4학년 때 눈물을 머금고 광주로 유학 보냈다.

이때부터 무한한 사랑으로부터 단절된 고독한 문정희의 감성에 자동적으로 시심이 싹트기 시작했던 걸까. 전남여중 1학년에 입학했다가 서울로 유학해 진명여고를 졸업하는 내내 문정희는 전국 문예백일장 20여 개를 휩쓰는, 기네스북에 올릴 만한 기록을 내면서 승승장구했고, 동국대 문예백일장 심사를 맡았던 미당 서정주의 눈에 띄어 발탁되기에 이르렀다. 미당은 정희의 국어선생에게 "어쩌문 이리 잘 쓰는 아그가 있냐 이?" 하면서, 그녀가 동국대에 꼭 왔으면 좋겠다는 내용의 편지를 보냈다. 그리하여 문정희는 동국대 국문과에 갔고, 이미 고등학교 때 첫 시집을 미당이 작명한 《꽃숨》이라는 제목으로 펴냈던 그는 미당이 작고할 때까지 인연을 이어갔다. 그는 이후 남들이 하는 것처럼 결혼도 했고, 1남 1녀도 낳았다. 하지만 이 범상치 않은 시인에게 결혼이라는 제도와 탯줄로 이어진 '새끼들'과의 한 생은 그대로 시의 강물로 흘러내렸다.

"아버지도 아니고 오빠도 아닌/ 아버지와 오빠 사이의 촌수쯤 되는 남자/ 내가 잠 못 이루는 연애가 생기면/ 제일 먼저 의논하고 물어보고 싶다가도/ 아차, 다 되어도 이것만은 안 되지 하고/ 돌아누워 버리는/ 세상에서 제일 가깝고 제일 먼 남자/ 이 무슨 원수인가 싶을 때도 있지만/ 지구를 다 돌아다녀도/ 내가 낳은 새끼들을 제일로 사랑하는 남자는/ 이 남자일 것 같아/ 다시금 오늘도 저녁을 짓는다/ 그러고 보니 밥을 나와 함께/ 가장 많이 먹는 남자/ 전쟁을 가장 많이 가르쳐준 남자" 〈남편〉

결혼이라는 분쟁지역

그는 데뷔 7년 만에 현대문학상을 받았는데(당시 규정으로는 데뷔 10년차 이후에만 주는 상이었지만 최인호와 그가 예외적이었다) 이후 1980년대 초반 뉴욕으로 떠나 2년 동안 종교철학을 공부하는 와중에서 심각한 고통을 겪었다. 이 과정이 후일 그의 국제적 시 감각을 일깨워주는 소중한 계기가 된 건 맞지만, 교사생활을 팽개치고 아이들까지 데리고 떠나온 유학길은 고통 그 자체였다고, 그는 술회했다. 그러나 이 모든 과정의 물리적인 고통보다는 결혼이라는 제도를 통과해야 했던 그의 자유분방하고 뜨거운 기질이 더 큰 문제였던 것 같다. 그는 결혼이야말로 '분쟁지역'이라고, 이스라엘에서 초청한 문인대회에 다녀오면서 썼다. 이른바 '분쟁지역 문인들'을 초청한 자리였는데 문정희는 "내 평생 DMZ를 두 시간 이내 거리에 거느리고 살았지만 기실 나는 결혼이라는 분쟁지역에서 내내 살았다"고 메모했다고 했다. 아무리 그러해도 이러저러한 그의 시는 결혼생활에 가하는 또 다른 폭력은 아닐는지. 하지만 문정희는 남편이 〈남편〉이라는 시를 다른 이에게 전해 듣고 남편을 아내로만 바꾸어 읽으면 딱 내 심정이라며 호탕하게 웃었다고 전했다. 그는 갈수록 남편이 편안해진다고도 설핏 말했던가.

"꽃아,/ 너도 거짓말을 하는구나/ 어제/ 그 모습은 무엇이었지?/ 사랑한다고 말하던/ 그 붉은 입술과 향기/ 오늘은/ 모두 사라지고 없구나/ 꽃아,/ 그래도 또 오너라/ 거짓 사랑아" 〈오라, 거짓 사랑아〉

오라, 거짓 사랑아! 우리는 비오는 날 광주에서 차를 빌려 보성까지 달려 내려왔다. 보성의 상징인 차밭에 들렀는데, 푸르른 차 밭 둑 사이를 오르는 내내 비는 그치지 않았는데, 시인은 우산을 받쳐 들고 환하게 웃었다. 우리는 비 내리는 차밭을 떠나 율포 해변으로 갔다. 〈율포의 기억〉이라는 시편이 탄생된 시인의 외가 쪽 배경인데, 여전히 비는 내렸고, 그래서 시인은 우산을 쓰고 뻘에 나아가 포즈를 취했다. 여기까지는 예정된 스케줄이었고, 그다지 감흥이 크지 않았으나, 다음날 우리가 시인의 고향 역 '명봉'으로 나아갔을 때 비로소 따뜻하게 행복해졌다.

초등학교 4학년 때 이 명봉역을 떠나 광주까지 갈 때면 늘 몇 개의 역을 지날 때까지 눈물을 멈추지 못했던 소녀. 받은 사랑이 무한대일수록 그 사랑이 두고두고 짐이 된다는 사실은 그런 사랑을 받아본 이만 알 게다. 더욱이 그 사랑, 순식간에 거두어진 것이라면, 또, 어찌할까. 문정희 시의 중심은 이 지점에서 촉발됐고 이순이 넘은 지금까지도 그 그리움을 해결하지 못해 떠도는 형국은 아닐는지. 그이는 더 깊어진 공부와 상념으로 스스로 시를 제어하려는 듬직한 포즈를 취하지만, 그 무슨 상관이랴.

보성의 러브호텔에서 하룻밤을 지낸 시인이, 본의 아니게 대한민국 러브 현장을 답사한 그네가, 딸들에게 썼던 시편을 다시 거론할 수밖에 없는 이유는 자명하다. 우리는 쾌락과 자조와 비하의 편이 아니라 대지와 생명과 삶의 편이기 때문인 것이다.

물 만드는 여자

딸아, 아무 데나 서서 오줌을 누지 말아라
푸른 나무 아래 앉아서 가만가만 누어라
아름다운 네 몸 속의 강물이 따스한 리듬을 타고
흙 속에 스미는 소리에 귀 기울여 보아라
그 소리에 세상의 풀들이 무성히 자라고
네가 대지의 어머니가 되어가는 소리를
때때로 편견처럼 완강한 바위에다
오줌을 갈겨 주고 싶을 때도 있겠지만
그럴 때일수록
제의를 치르듯 조용히 치마를 걷어올리고
보름달 탐스러운 네 하초를 대지에다 살짝 대어라
그리고는 쉬이 쉬이 네 몸 속의 강물이
따스한 리듬을 타고 흙 속에 스밀 때
비로소 너와 대지가 한 몸이 되는 소리를 들어보아라
푸른 생명들이 환호하는 소리를 들어보아라
내 귀한 여자야

문정희

1947년 전남 보성에서 출생하여 동국대 국문과와 서울여대 대학원 국문과를 졸업했다. 1969년《월간문학》에 시 〈불면〉〈하늘〉이 당선되었다. 시집으로《꽃숨》《새떼》《혼자 무너지는 종소리》《아우내의 새》《그리운 나의 집》《찔레》등이 있으며, 레바논 '나지 나만 문학상', 정지용문학상, 소월시문학상, 현대문학상 등을 수상했다.

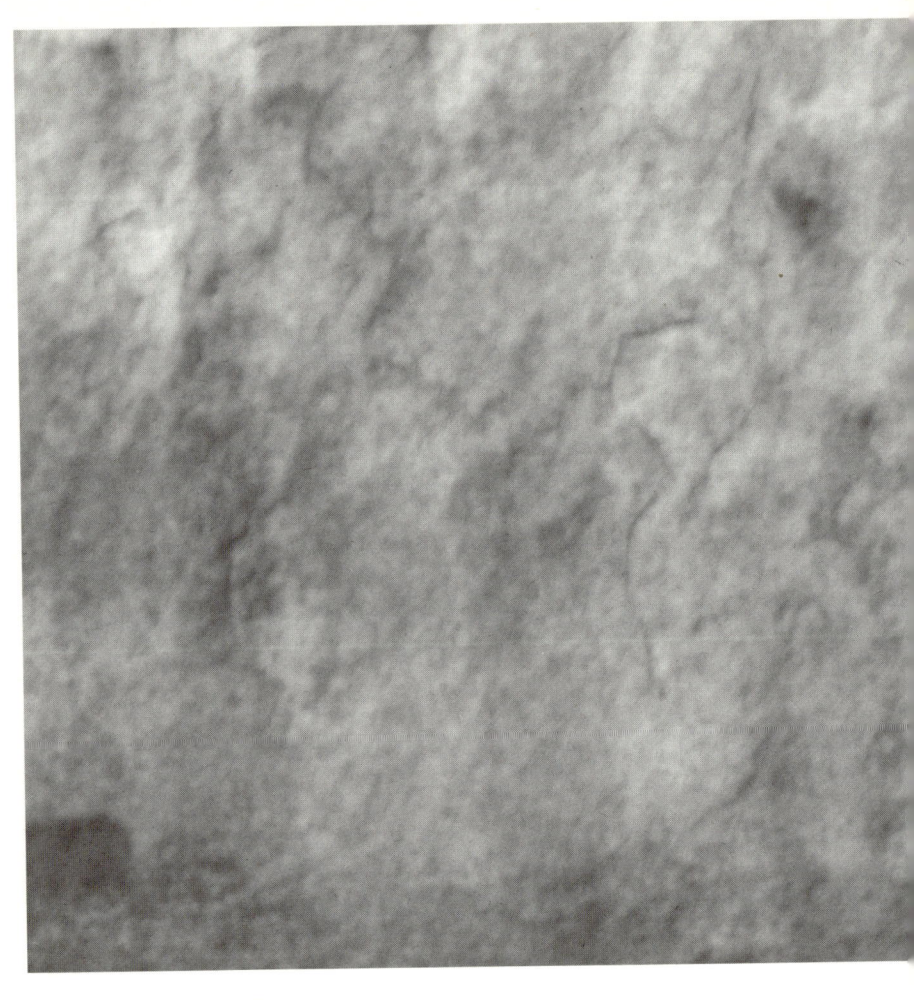

초월의 산정을 탐하다

/

조정권 〈산정 묘지〉

달이 아닌 죽음을 맞던 산정의 독락당 대월루……
천상의 누각을 꿈꾸며 절대 고독을 즐기다

마음속 벼랑에서 건져낸 시

그를 만나고 온 시간은 꿈 같다. 꿈처럼 황홀하다는 의미보다는 순간처럼, 희미했다는 맥락이다. 과연 만나기는 한 건지, 사진을 보면 분명하게 증명되긴 하지만 그를 만났다는 사실이 실감으로 다가오지 않는다. 늘 1박2일로 시인들과 함께 시의 공간으로 다녀오면서 내내 많은 이야기를 나누었던 여정이어서 그 이야기들 중 몇 토막만 떼어내도 충분히 이 공간을 메울 수 있었는데, 그이와는 상대적으로 너무 짧은 순간 만났다 헤어졌다. 게다가 그는 일상의 공간보다는 눈보라치고 쩡쩡 얼어붙은 저 높은 산정山頂을 탐한다. 심지어는 일상의 바깥으로 난 모든 길을 지워버리고 싶어 하는 그이다.

"독락당獨樂堂 대월루對月樓는/ 벼랑 꼭대기에 있지만/ 예부터 그리로 오르는 길이 없다./ 누굴까, 저 까마득한 벼랑 끝에 은거하며/ 내려오는 길을 부숴버린 이."〈독락당〉

사실 '독락당 대월루'는 조선 선비 이언적이 경주 근처 시냇가에 지어놓은 작은 정자에 불과하지만 시인은 그 정자를 일상의 벼랑 끝에 올려놓았고, 내려오는 길마저 모두 없애버렸다. 그러고도 '독락獨樂'이라니, 비장하다. 그이가 자신의 대표작이라 할 만한 '산정묘지' 연작을 쓰기 시작할 때도 이리 심각했다. 독락당 대월루는 그의 마음 속 벼랑에 지은 상상의 집이었고, 한자 그대로 '홀로 즐거움을 누리는 집'이 아니라 '홀로 절망하던 침대', '달을 맞이하는 누각'이 아니라 '죽음을 맞이하는 서재'였다고 그는 회고한다. 그는 그 마음속 벼랑 끝에서, 이 시를 쓰고 나서 죽어도 좋다는 각오로, 1987년 〈산정묘지〉 연작 1번을 썼다.

"겨울 산을 오르면서 나는 본다./ 가장 높은 것들은 추운 곳에서/ 얼음처럼 빛나고/ 얼어붙은 폭포의 단호한 침묵./ 가장 높은 정신은/ 추운 곳에서 살아 움직이며/ 허옇게 얼어터진 결빙을 노래한다./ 간밤의 눈이 다 녹아버린 이른 아침,/ 산정은/ 얼음을 그대로 뒤집어 쓴 채/ 빛을 받들고 있다./ 만일 내 영혼이 천상의 누각을 꿈꾸어 왔다면/ 나는 신이 거주하는 저 천상의 일각을 그리워하리." 〈산정묘지 1〉 부분

이렇게 조성하기 시작한 저 높은 산정의 묘지는 이후 5년에 걸쳐 150편까지 이어졌다. 돌이켜보건대 1980년대는 문학이 투쟁의 수단으로 동원될 수밖에 없었던 엄혹한 시절이었다. 그 과정에서 비록 미학적으로 투박하고 어설퍼도 대의에 복무할 수 있다면 용인되던 문학이 생산된 건 어쩔 수 없었고, 그 반대편에서는 이른바 '순수'라는 미명으로 현실에서 멀찍이 떨어져 음풍농월을 하는 부류로 배척당하는 그룹도 있었다. 이들 모두에게 지원을 해야 하는 문예진흥원 기획관리실장으로 20여 년을 근무한 그이고 보면, 두

그룹의 첨예한 대립은 살갗에 소름이 돋을 정도로 현장에서 충분히 느꼈을 법하다. 그는 이 시점에서 문학적 야심을 품었다고 했다. 이른바 '순수'와 '민중시'를 봉합하고, 그 둘을 합쳐서 승화시킨 '정반합正反合'의 변증법적 결과를 도모하고자 했다. 그것이 '산정묘지' 연작이었다.

"그러나 한번 잠든 정신은/ 누군가 지팡이로 후려치지 않는 한/ 깊은 휴식에서 헤어나지 못하리./ 하나의 형상 역시/ 누군가 막대기로 후려치지 않는 한/ 다른 형상을 취하지 못하리./ 육신이란 누더기에 지나지 않는 것./ 헛된 휴식과 잠 속에서의 방황의 나날들,/ 나의 영혼이/ 이 침묵 속에서/ 손뼉소리를 크게 내지 못한다면/ 어느 형상도 다시 꿈꾸지 않으리/ 지금은 결빙하는 계절, 밤이 되면/ 물과 물이 서로 끌어당기며/ 결빙의 노래를 내 발밑에서 들려주리." 〈산정묘지 1〉 부분

절대 고독의 세계

조정권 시인, 그를 만난 곳은 태릉 육군사관학교 정문 앞이었다. 월계역 부근에 살면서 산책 코스로 아끼는 불암산이 그곳에서 가까웠다. '산정묘지'는 '언어로 등반하는' 공간이어서 딱히 특정 무대가 있을 수는 없지만, 시인이 늘 산책하듯 오르내리는 불암산이 자연스레 간택되었다. 그는 인왕산 아래 냉천동에서 태어나 지금까지 한 번도 서울을 떠나본 적이 없다. 도

심에 살면서 북한산, 도봉산, 불암산, 수락산 이른바 서울 4대 산을 쉼 없이 오르내린 '서울 산사나이'다.

이순을 넘어선 나이에도 그의 얼굴은 아름다웠다. 단아하게 각진 얼굴, 맑게 빛나는 눈빛이 스스로 청한 산정의 고독을 닮아 있었다. 사진을 찍으면서 그의 엄숙한 표정을 풀고 싶어 "지금도 아름다운데 젊은 시절에는 여인들이 많이 따라다녔겠다"고 쓸데없이 농담을 해도, 그는 쉬 흔들리지 않았다(그는 나중에 자신의 1인 종교에는 여인이 낄 틈이 없다고 했다. 1인 교주이자 1인 신도인 그 '외로움'이라는 종교에는……).

프랑스 작가 프루스트는 칩거한 방의 모든 창문을 밀봉하고 두꺼운 커튼을 내린 채 "지금까지는 살기만 했지만 이제부터는 쓰기만 하겠다"고 선언한 뒤 하인이 들이미는 진한 커피와 빵 몇 조각으로 연명하면서《잃어버린 시간을 찾아서》를 쓰다가 죽었다. 그이 또한〈산정묘지〉를 쓰고 난 뒤 죽어도 여한이 없다고 생각했던 것인데, 지금까지 살아 있다. 살아 있을 뿐만 아니라 한국은 물론 프랑스에서 이 시로 인해 각광받았다. 프랑스 일간지 리베라시옹 문학 면 톱으로 그의 기사가 실린 것 외에도, 프랑스 시 전문 계간지《포에지》1999년 한국 시인 특집호에 실린 그이의〈산정묘지〉를 읽고 프랑스 원로시인 필립 자코데가 출판사를 통해 팩스로 편지를 보내왔다.

"당신 시를 읽으면서 감명을 전하기 위해 펜을 들었습니다. 당신의 시를 읽으며 나는 얼마나 감동하고 있는지, 지금처럼 나의 내부가 위기 가운데 있을 때, 이런 우연한 만남으로 내가 얻은 힘은 얼마나 큰지 알 수 없습니다."

그는 이 이야기를 꺼내자, 프랑스에는 은둔하는 시인들이 많다면서〈산정묘지〉의 절대고독이 그의 고독을 위로해준 것 같다고 부연했다.〈산정묘지〉가 불어로 번역돼 각별히 그곳 독자들에게 각광받은 덕분에 그는 2006년 한불수교 100주년 기념으로 프랑스 외무성이 초청한 보르도대학 강연에서 '높이의 시학'에 대해 강연했다. 그는 이 자리에서 서양에는 깊이는 있을지 모르나 그 깊이와 넓이를 포괄하는 '높이의 시학'은 없다고 설파했다. 그는 "동양에서 마음이 넓이의 세계였다면 높이는 정신의 세계였다"며 "시간의 고요가 깃든 험준한 봉우리를 지상에서 올려다보는 경험은 삶의 물음에 대한 방향으로 틀을 잡을 때 경건하고 숭고한 정신의 표상으로 나타난다"고 연설했다.

"地上에 비내리고 山頂엔 눈내린다/ 눈은 어찌하여 地上까지 오기 꺼리는가/ 산봉우리에 학처럼 깃들고 싶은/ 저 뜻 숨기기 위함인가"〈산정묘지·22〉

속세의 '독락당' 시인

8남매, 3남 5녀 중 장남으로 태어난 조정권 시인. 아버지가 남대문에서 금은방을 경영해 그의 성장 환경은 유복했다. 누님들이 《빨강머리 앤》같은 책을 만날 읽고 지내 그 영향을 받았고, 서대문 길가로 나오면 손수레에, 안 팔리는 시집은 물론 다양한 소설이 실려 있어 늘 책과 가깝게 지낼 수 있었다. 양정고등학교 시절 김상억 국어선생에게 '찍혀' 문예반에서 활약하기 시작했다. 양정, 보성, 중앙, 배재 같은 사립명문고에다 진명, 숙명 여고까지 가세한 문학축제에 늘 박목월 선생이 참가했는데, 그의 자질을 눈여겨본 목월의 추천으로 대학시절 문단에 데뷔했다. 그는 '문학소년' 시절은 길었지만 불행하게도 '문학청년' 시절은 없었다고 회고했다. 아버지는 백일장에서 그가 상을 타오면 집

어딘지면서 법대를 가라고 강요했지만 허사였다. 그 부친은 법대도 안 간 '시 쓰는 아들'의 부양으로 지금도 건강하게 생존해 계시는 95세의 노익장이다.

그가 김달진(1907~1989) 시인을 만난 건 그의 시사에 절대적인 사건이었다. 선시와 한시에 능통한 그 '영감님'의 시집이 나왔을 때 우연히 한 매체에서 서평을 부탁받아 쓰게 되면서 1984년 처음으로 그이를 만났는데, 조정권은 김달진의 선시풍 삶과 시에서 특별한 감응을 얻었다. 김달진 옹이 작고할 때까지 술을 주고받으며 어울리다가 그는 '영감님'의 정신세계를 딛고 올라 '산정묘지'에 이르게 된 거였다. 달진옹에게 헌정한 《허심송》이란 시집에 '겉늙은' 시를 쓴다는 비판이 날아들자, 그는 아예 작심하고 〈산정묘지〉를 시작했다고 말했다. 동양정신과 횔덜린을 흠모하던 서양 감수성이 결합하여 '산정묘지'의 정신이 탄생한 것이다.

그는 20여 년 봉직했던 직장에서 나와 고독하게 살고 있다. 문예진흥원(지금의 '예술위원회' 전신)에 다닐 때조차 늘 집과 직장만을 오가는 스스로 고독한 사내였다. 불암산에서 사진을 찍고 내려와 월계역 그의 집 부근에서 생맥주를 마시는 자리에서 "절대 외로워야만 시를 쓸 수 있다"면서 "시가 성장하는 그 장소, 외로움은 내가 1인 신자이면서 1인 교주인 내 종교!"라고 그는 역설했다.

바깥으로 난 모든 길을 없애버린 속세의 '독락당' 시인. 그는 〈산정묘지〉를 쓰는 내내 바흐의 파이프오르간 음악을 암보해서 연주

한 맹인 헬무트 발햐의 음악을 들었다고 했다. 《공간》지 편집장을 역임하면서 음악은 물론 미술평론까지 넘나들었던, 입체적이고 건축적인 언어를 구사한다고 상찬을 받는 그이와의 만남은 너무 짧았다. 외로워 보였지만 쓸쓸하진 않았고(집에 돌아가면 소월문학상, 김수영 문학상을 탈 때마다 그 상금으로 바꾼 영국제 엠프 'QUAD' 시리즈로 중세의 종교음악을 들을 터이니…), 석양에 비낀 얼굴이 파인더 속에서 아름다웠다. 그래도 어딘지 허전한 느낌은 있었지만 굳이 외로움이 그의 종교라면, 어울리지 않을 것도 없겠다.

"새로 바른 국화무늬 봉창가로/ 밤새 내리는 싸락눈./ 창 열고 먼 하늘 잡목숲/ 바람 지나다니는 소리 귀 쏘인다./ 멀고 아득해라/ 天山의 눈 밤새 밟고 걸어다닌 사람들." 〈싸락눈〉

산정묘지 山頂墓地 1

겨울 산을 오르면서 나는 본다.
가장 높은 것들은 추운 곳에서
얼음처럼 빛나고
얼어붙은 폭포의 단호한 침묵.
가장 높은 정신은
추운 곳에서 살아 움직이며
허옇게 얼어터진 결빙을 노래한다.
간밤의 눈이 다 녹아버린 이른 아침,
산정은
얼음을 그대로 뒤집어 쓴 채
빛을 받들고 있다.
만일 내 영혼이 천상의 누각을 꿈꾸어 왔다면
나는 신이 거주하는 저 천상의 일각을 그리워하리.
가장 높은 정신은 가장 추운 곳을 향하는 법.
저 아래 흐르는 것은 이제부터 결빙하는 것이 아니라
차라리 침묵 하는 것.
움직이는 것들도 이제부터는 멈추는 것이 아니라
침묵의 노래가 되어 침묵의 동렬에 서는 것.

그러나 한번 잠든 정신은
누군가 지팡이로 후려치지 않는 한
깊은 휴식에서 헤어나지 못하리.
하나의 형상 역시
누군가 막대기로 후려치지 않는 한
다른 형상을 취하지 못하리.
육신이란 누더기에 지나지 않는 것.
헛된 휴식과 잠 속에서의 방황의 나날들,
나의 영혼이
이 침묵 속에서
손뼉소리를 크게 내지 못한다면
어느 형상도 다시 꿈꾸지 않으리
지금은 결빙하는 계절, 밤이 되면
물과 물이 서로 끌어당기며
결빙의 노래를 내 발밑에서 들려주리.

여름 내내
제 스스로의 힘에 도취하여
계곡을 울리며 폭포를 타고 내려오는
물줄기들은 얼어붙어 있다.
계곡과 계곡 사이 잔뜩 엎드려 있는

얼음 덩어리들은
제 스스로의 힘에 도취해 있다.

결빙의 바람이여
내 핏줄 속으로
회오리 치라.
나의 발끝에서 머리끝까지
나의 전신을
관통하라.
점령하라.
도취하게 하라.
산정의 새들은
마른 나무 꼭대기 위에서
날개를 접은 채 도취의 시간을 꿈꾸고
열매들은 마른 씨앗 몇 개로 남아
껍데기 속에서 도취하고 있다
여름 내내 빗방울과 입맞추던
뿌리는 얼어붙은 바위 옆에서
흙을 물어뜯으며 제 이빨에 도취하고
바위는 우둔스런 제 무게에 도취하여
스스로 기쁨에 떨고 있다.

보라, 바위는 스스로의 무거운 등짐에
스스로 도취하고 있다
허나 하늘은 허공에 바쳐진 무수한 가슴,
무수한 가슴들이 소거된 허공으로,
무수한 손목들이 촛불을 받치면서
빛의 축복이 쌓인 나목의 계단을 오르지 않았는가.
정결한 씨앗을 품은 불꽃을
천상의 계단마다 하나씩 바치며
나의 눈은 도취의 시간을 꿈꾸지 않았는가.
나의 시간은 오히려 눈부신 성숙의 무게로 인해
침잠하며 하강하지 않았는가.
밤이여 이제 출동명령을 내려라.
좀더 가까이 좀더 가까이
나의 핏줄을 나의 뼈를
점령하라, 압도하라,
관통하라,

한때는 눈비의 형상으로 내게 오던 나날의 어둠.
한때는 바람의 형상으로 내게 오던 나날의 어둠.
그리고 다시 한때는 물과 불의 형상으로 오던 나날의 어둠.
그 어둠 속에서 헛된 휴식과 오랜 기다림

지치고 지친 자의 불면의 밤을
내 나날의 인력으로 맞이하지 않았던가.
어둠은 존재의 처소에 뿌려진 생목의 향기
나의 영혼은 그 향기 속에 얼마나 적셔두길 갈망해 왔던가.
내 영혼이 내 자신의 축복을 주는 휘황한 백야를
내 얼마나 꿈꾸어 왔는가.
육신이란 바람에 굴러가는 헌 누더기에 지나지 않는다.
영혼이 그 위를 지그시 내려누르지 않는다면.

조정권

1949년 서울에서 태어나 중앙대 영어교육과를 졸업했다. 1970년《현대시학》에 시〈흑판〉등이 추천되어 등단했다. 시집으로《비를 바라보는 일곱 가지 마음의 형태》《시편》《허심송》《하늘 이불》《산정묘지》《신성한 숲》《떠도는 몸들》등이 있으며, 녹원문학상, 한국시협상, 김수영문학상, 소월시문학상, 현대문학상을 수상했다.

젖은 눈 떨어지던 눈물 밭
/
이문재 〈소금창고〉

내 몸과 마음이 깨끗해야 우주라는 제자리로 돌아
갈 텐데……
내 몸은 이미 오래된 중금속

옛날 노래가 적힌 악보

곰소로 내려가는 길에 눈이 내렸다. 눈이 사정을 두지 않고 차창으로 몰려들어 앞이 잘 보이지 않았다. 우리는 서해대교 아래 휴게소에 내려 눈이 잠잠해지기를 기다리다 다시 남쪽으로 내리뻗은 길 위에 올랐다. 이젠 눈보다 조명이 더 문제였다. 갓 오후인데도 어두웠다. 사진이 제대로 나올지 걱정스러웠다. 두텁고 넓게 펼쳐진 구름을 찢고 간혹 햇빛이 창처럼 지상에 꽂히기도 했다. 곰소에 당도하기도 전 태양의 전지가 다 닳을까 염려되었다. 우리가 곰소 염전에 이를 무렵 해가 구름 뒤편에서 배회하다가 찢어진 틈으로 다시 소금밭에 각광을 쏘았다. 해가 구름 뒤로 숨는 건 시간문제여서 우리는 서둘렀고, 눈발 날리는 곰소 염전을 배경으로 간신히 시인 이문재의 사진을 찍을 수 있었다. 그의 시 〈소금창고〉를 붙들고 내려온 여정이었다.

"염전이 있던 곳/ 나는 마흔 살/ 늦가을 평상에 앉아/ 바다로 가는 길의 끝에다/ 지그시 힘을 준다 시린 바람이/ 옛날 노래가 적힌 악보를 넘기고 있다/ 바다로 가는 길 따라가던 갈대 마른 꽃들/ 역광을 받아 한 번 더 피어 있다/ 눈부시다/ 소금창고가 있던 곳/ 오후 세시의 햇빛이 갯벌 위에/ 수은처럼 굴러다닌다/ 북북서진하는 기러기떼를 세어보는데/ 젖은 눈에서 눈물 떨어진다/ 염전이 있던 곳/ 나는 마흔 살/ 옛날은 가는 게 아니고/ 이렇게 자꾸 오는 것이었다"〈소금창고〉

곰소와 이문재는 아무런 인연이 없다. 곰소는 그가 태어난 곳도 성장한 장소도 아니다. 염전이 남아 있어 내려간 것뿐이다. 정작 이문재의 고향은 서울에서 가까운 김포 검단이다. 그곳에 염전이 있었는데 지금은 쓰레기 매립지로 변해 버렸다. 그는 김포 쪽으로는 가지 않겠다고 처음부터 단호하게 말했다. 북북서진하는 기러기 떼를 보면서 눈물을 떨구던, 그 옛날은 가지 않고 자꾸 다가와서 그는 김포 대신 남쪽으로 달아났던 것이다.

곰소 소금밭에 각광으로 꽂히는 햇빛은 사이키델릭 조명 같았다. 아직 환할 오후인데도 하늘이 사방에 커튼을 치고 빛의 무대를 연출했다. 단지 우리 때문이라면 저리 분주하지 않아도 될 터인데, 어쨌든 조명은 완벽했다.

오래된 미래를 기다리는 시인

그의 시에는 소금이 제법 등장한다. 어떤 시에서는 "그러고 보면 소금은 찌꺼기"라며 "태양이 마지막까지 거두어 가지 않는/ 버림받음인 것, 잔류인 것"〈염전중학교〉 이라고 썼는데 또 다른 시에서는 "소금은 있는 힘을 다해 빛을 끌어안았다가/ 있는 힘을 다해 흔적을 남기지 않는 것"이라면서 "단 하나의 마음으로 남는 것"이라고 추켜세우기도 했다. 더 나아가 "빛의 반대말은 그늘이 아니고/ 어둠이 아니고 소금이었다"〈혼자만의 아침〉고도 썼다. 그는 그 사실을 "사랑을 놓치고/ 혼자 눈 뜬 오늘 아침에야 알았다"고 부연했다.

곰소 염전의 소금창고는 빗장이 질려 있었는데 용기를 내어 주인처럼 문을 열어젖혔더니, 소금이 있던 하얀 흔적만 잔설처럼 더러 남아 있을 뿐 창고 안은 검고 적막했다. 곰소에 빛이 내릴 때 서둘러 사진을 찍고 옛 포구로 갔다. 수상가옥처럼 바다 위에 비닐로 천막을 치고 나앉은 '쌍둥이 횟집'에서 설숭어를 썰어 소주를 마셨다.

"나는 역진화를 하고 있어. 뒤늦게, 80년대를 다시 살고 있다는 생각이 드는 거야."

비닐막 너머 곰소 항 부표들이 흔연히 흔들렸고, 우리는 따뜻한 안쪽에서 행복한 느낌이었다. 부채의식일까. 그는 2000년대도 다시 10년을 넘어섰는데 1980년대의 아픈(복잡한) 감정을 되살리고 있었다. 그가 등단한 매체는 경희대 출신 문인들이 일구어낸 《시운동》이라는 동인지였다. 하재봉이 주도했던 이 무크형 동인지는 엄혹한 시대분위기와는 따로 논다는 비판도 많이 받았다. 그가 입학하던 해 경희대 국문과 동기들은 특별했다. 소설가 김형경 이혜경, 시인 안재찬(류시화), 박덕규, 박주택 같은 이들이 그 한 해에 집중적으로 입학했으니 특별할 만하다. 그가 '역진화'라고 말하는 건 정작 세월이 흘러도 변치 않는, 혹은 더 말해야 하는 진실에 대해 그가 발언하고 있다는 사실을 스스로 적시한 것일 뿐이다. 단지 노동운동만 중요한 게 아니라, 또 단지 민주화만 문제였던 시절에서 벗어났으니, 우리 사는 세상의 생태적인 문제의 현주소를 제대로 파악하고 더불어 위기를 말하는 과정이 중요한 시점인 것이다.

"80년대는 전두환만 없으면 되는 줄 알았지? 그 사이에 자본주의는 전지구화가 됐어. 우리가 모르는 사이에 우리는 완벽하게 자본주의를 인정한 거야. 거슬러 올라가면 우리가 자본주의에 대해 비판을 하거나 외면하거나 그랬다는데 그렇지 않아 보여. 19세기 후반 동학 이후 우리는 (생태의 평화를 시나브로 억압하고 파괴하는 시스템에 대한 견제 기회를) 놓쳤어."

그는 말하자면 생태운동가, 환경주의자, 오래된 미래를 기다리는 시인쯤으로 표현할 수 있을 것 같다. 그의 식물적인 생각과 지구생태계의 평화를 향한 지향은 가위 절절하다. 지난 번 시집《제국호텔》에 모아 놓은 그의 시들은 이런 느낌을 명확하게 증거한다.

"우주를 먹고 자란 쌀 한 톨이/ 내 몸을 거쳐 다시 우주로 돌아가는/ 커다란 원이 보입니다/ 내 몸과 마음 깨끗해야/ 저 쌀 한 톨 제자리로 돌아갈 터인데/ 저 커다란 원이 내 몸에 들어와/ 툭툭 끊기고 있습니다// 나는 오래된 중금속입니다/ 마음의 온갖 욕심 버린다 해도/ 이 음식으로 이룩한 깨달음은/ 결코 깨달음이 아닙니다" 〈지구의 가을〉 부분

가지 않은 곳은 모두 미래다

그는 2006년부터 격월간 《녹색평론》 편집자문위원으로 활동하고 있는데, 한때 스스로를 《녹색평론》 서울 특파원이라고 여겼을 정도로 열성적인 멤버이다. 브리태니커백과사전을 덥석 할부로 산 적이 있는데 순전히 덤으로 주는 지구본 때문이었다고 했다. 그 말끝에 그는 '메시아콤플렉스'가 있다고 했다. 그러고 보니 맞다. 그는 사진을 찍을 때마다 파인더 속에서 너무 근엄했고, 시종 엄숙했다. 나가 아닌 다른 사람, 더 나아가 인류를 구원하거나 도와주고 싶은, 보기에 따라선 생래적인 '황당함'이 바로 '메시아콤플렉스'인 것이다.

이렇게 이문재를 설명하다 보면 시보다는 또다시 80년대처럼 이데올로기의 선전장이 될 것 같고(이번에는 녹색), 그건 대단히 재미없는 것인데, 시의 생명은 어떤 주장이나 외침보다 그 자체에 깃들인 대단히 사적인 울림과 결이 더 감동적이고 아름다운 법인데, 사실 이문재의 시는 그 자체로 표창처럼 가슴에 꽂히는 명구들이 많으니 걱정하지 않아도 될 것 같다. 밑줄을 그어놓은 시들은 많다.

"따뜻하게 헤어지는 일이 큰일이다/ 그리움이 적막함으로 옮겨 간다/ 여름은 숨 가쁜데, 그래/ 그리워하지 말기로 하자, 다만 한두 번쯤/ 미워할 힘만 남겨 두기로 하자" 〈칸나〉 부분

"전광판이 휘황하다 저기에서/ 매일 매일 새로운 말을 배워야 하다니" 〈어처구니-부사성 1〉 부분

"종소리를 더 멀리 보내기 위하여/ 종은 더 아파야 한다" 〈농담〉 부분

"가지 않은 곳은 모두 미래다/ 그날 만나지 못했던 그 사람도/ 읽지 않은 그 책의 몇 페이지도/ 옛날이 아니다"〈상그리라〉 부분

"그리움, 변산 앞 가을 뻘처럼 펼쳐져도 발 들여놓지 말아라, 뻘은 산 자의 자궁 아니니, 그리움 발 앞에 던져두고 썰물 밀물 건너다보아라, 하여 그 뻘 같은 그리움에서 나문재 한 포기라도 돋아난다면, 살 만하다고 하여라"〈변산 숙모의 소리〉 부분

우리는 곰소에서 나와 부안에서 잠을 잔 뒤, 다음 날 새만금이 한창인 해창 포구 뒤쪽에서 바지락죽으로 아침을 때우고 격포 채석강에 들렀다가 카페 '호랑가시나무'로 갔다. 한국문학번역원장을 역임한 문학평론가 윤지관 씨의 누님이 운영하는 그 카페는 통유리창 너머 질마재를 풍경으로 거느리는 아늑하고 아름다운 공간이었다. 그 자리에서 시시한 이야기들이 오가긴 했으나, 이문재 시인의 표정은 여전히 굳어했고 엄격했다.

그는 의외로 술을 많이 못 마시고, 사람들도 많이 만나지 않는 '외로운' 시인이었다. 그는 자신이 외롭다고 두 번 정도 거듭 강조했다. 그 외로움이야말로 시의 발전소일 테고, 시를 못 써도 좋으니 늘 외롭지 않았으면 좋을 욕심도 없진 않을 테고, 그렇다고 시를 버릴 수도 없고, 이래저래 시인의 외로움은 깊어갈 수밖에 없다. 그의 시처럼 "함부로 길을 나서서/ 길 너머를 그리워한 죄"〈노독〉가 가장 크다. 그러니, 누구라도 와서 불 질러버려라.

"나 잡목 우거진 고랭지/ 이 여름, 깊은 가뭄으로 흠뻑 말라 있으

니/ 와서, 어서들 화전하여라/ 나의 후회들 화력 좋을 터/ 내 부끄러움들 오래 불에 탈 터/ 나의 그 많던 그 희망들 기름진 재가 될 터/ 와서, 장구 북 꽹과리 징 치며/ 불, 불 질러라, 불 질러 한 몇 년 살아라// 한때 나의 모든 사랑, 화전이었으니/ 그대와 만난 자리 늘 까맣게 타버렸으니/ 서툴고 성급해 거두지 못하고, 나누지 못하고/ 뒤돌아보지 않고 다른 숲을 찾았으니/ 이제 나, 잡목 우거진 고랭지/ 와서 불 질러라, 불"〈화전〉

소금 창고

염전이 있던 곳
나는 마흔 살
늦가을 평상에 앉아
바다로 가는 길의 끝에다
지그시 힘을 준다 시린 바람이
옛날 노래가 적힌 악보를 넘기고 있다
바다로 가는 길 따라가던 갈대 마른 꽃들
역광을 받아 한 번 더 피어 있다
눈부시다
소금창고가 있던 곳
오후 세시의 햇빛이 갯벌 위에
수은처럼 굴러 다닌다
북북서진하는 기러기떼를 세어보는데
젖은 눈에서 눈물 떨어진다
염전이 있던 곳
나는 마흔살
옛날은 가는 게 아니고
이렇게 자꾸 오는 것이었다

이문재

  1959년 경기도 김포에서 태어나 경희대 국어국문학과를 졸업했다. 1982년 《시운동》 4집에 시 〈우리가 살던 옛집 지붕〉을 발표하여 등단했다. 시집으로 《내 젖은 구두를 벗어 해에게 보여줄 때》 《산책시편》 《마음의 오지》 《제국호텔》, 산문집 《내가 만난 시와 시인》이 있으며, 김달진문학상, 시와시학 젊은시인상, 소월시문학상을 수상했다.

세상과 불화 중인 낯선 짐승의 눈빛
/
강정 〈노래〉

늘 장신구처럼 따라다니는 죽음
폭발적인 내압이 최고조에 다다른 강정의 시들은
하나같이 독하다

전위적이며 독한 서정

길 위에서 1년 가까이 시를 읽어 오는 동안 처음으로 서울 도심에서 시인을 만났다. 그것도 청춘들이 넘치는 홍대 입구에서, '미래파'의 원조라는 젊은 시인 강정을 만났다. 그의 나이가 마흔을 넘어서고 있으니 젊다고 말하기엔 어폐가 따르지만, 시만 본다면 그는 분명 젊은 축에 속한다. 젊다는 기준에 토를 달 수도 있는데, '따뜻하고 보드라운' 서정이 아니라 전위적이고 독한 서정을 추구하는 시인을 보다 젊은 축으로 분류하는 걸 관용적으로 받아들이는 데 동의한다면, 그렇다는 말이다.

사실 이런 식의 기준은 속되다. 젊다고 다 전위적인 건 아니고, 늙었다고 늘 보드라운 것만은 아니니까. 젊고 늙은 것을 떠나 결국 모든 예술의 함량을 따지는 척도는 세상과 인간을 마주하는 치열한 자세일 게다. 그날 얼어붙은 홍대 입구에서 만난 강정은 이런 식의 측량 게이지 눈금이 무용했다. 우리에서 뛰쳐나오긴 했는데 사방이 낯설어 어찌할 줄 모르는 짐승의 눈을 그는 번득이고 있었다. 그냥 볼 때는 미처 몰랐는데 파인더 속에 클로즈업된 눈빛이 그랬다. 석양 속에 물기를 머금은 그의 눈빛에서는 폭발 직전의 무엇이 보였다. 눈빛만 그러한 게 아니라 그가 쓰는 시들도 대부분 그런 표정을 짓고 있다.

"숨을 뱉다 말고 오래 쉬다보면 몸 안의 푸른 공기가 보여요/ 가끔씩 죽음이 물컹하게 씹힐 때도 있어요/ 술 담배를 끊으려고 마세요/ 오염투성이 삶을 그대로 뱉으면 전깃줄과 대화할 수도 있어요/ 당신이 뜯어먹은 책들이 통째로 나무로 변해/ 한 호흡에 하늘까지 뻗어갈지도 몰라요/ 아, 사랑에 빠지셨다구요?/ 그렇다면 더더욱 살려고 하지 마세요/ 숨이 턱턱 막히고 괄약근이 딴딴해지는 건/ 당신의 사랑이 몸 안에서 늙은 기생충을 잡아먹고 있기 때문이에요/ 그저 깃발처럼/ 바람 없이도 저 혼자 춤추는 무국적의 백기처럼, 그럼요 그저 쉬세요/ 즐거워 죽을 수 있도록〈노래〉

그는 왜 이 시에 〈노래〉라는 제목을 붙였을까. '즐거워 죽을 수' 있는 경지란, 목청껏 노래를 부를 때 말고는 쉬 찾아오지 않을 것이기 때문에? 실제로 그는 록밴드의 리드보컬로도 살고 있다. '가끔씩 죽음이 물컹하게 씹힐 때'마다 그는 '오염투성이 삶'을 노래로 토해내는 건가.

추운 거리에서 사진을 몇 장 찍고 그의 친구가 운영한다는 인근 녹음스튜디오로 갔다. 마침 해가 넘어가면서 강렬한 빛을 5층에 자리 잡은 스튜디오 창문으로 뿌려댔는데, 그곳에서 그에게 노래를 청하고 싶었다. 하지만 그는 처음 만났을 때부터 심한 감기로 기침을 겨우 참는 형국이었으니, 노래는 애초에 무리였다. 게다가

청중도 단 한 명뿐이니 신명이 발동될 리 없었다.

이제 나는 슬프지 않을 거야

그는 자신이 늘 세상의 부적응자였다고 생각한다. 어렸을 때는 더 심했는데 초등학교 때는 선생이 발표를 시키면 그냥 울어버렸다고 했다. 위로 형과 누나가 있는데 할머니가 한 살 위의 형에게는 엄했어도 자신에게는 자애로웠다. 사랑은 모자라도 넘쳐도 늘 문제다. 부산에서 태어나 바로 서울에 올라와 말을 배운 뒤 초등학교 입학 전에 다시 부산으로 갔다가 초등학교 졸업 후 서울에 올라와 중학교를 마치고 다시 부산에 내려가 고등학교를 다녔다. 여러 곳에 늘 적응을 해야 했으니 붙박이로 성장한 아이들에 비해 사람 속을 읽는 건 빨라졌을 수도 있겠다고 했다. 부친이 건축업에 종사했는데 그가 초등학교 4학년 무렵에 몰락한 이후로 재기를 못하는 바람에 내내 가난 속에서 살았다.

"어젯밤엔 집으로 돌아가던 나의 그림자가 죽었다/ 문지방 앞에서 흘러내린 어둠엔 꽃냄새가 가득했다/ 달의 뒤편으로 추락하던 지구가 새로운 별을 임신했다/ 창가에 남아 있던 냉기가 시간의 한 틈을 쪼개었다/ 문득 별이 터지니 죽은 내 얼굴이 해바라기처럼 웃었다/ 십년 전의 벚꽃들이 폭약처럼 터졌다/ 이제 나는 슬프지 않을 거야, 라고 노래 부르며/ 한 아이가 문 밖으로 자전거를 끌고 나갔다/ 낡고 메마른 굴렁쇠가 수평선 바깥으로 가라앉고 있었다"
〈아침의 시작〉

'이제 나는 슬프지 않을 거야'라고 되뇌던 아이는 고등학교 3학년 때부터 시를 쓰기 시작했고, 유일하게 공부라는 걸 해보았다는 재수 시기를 거쳐 추계예대 문창과에 들어가 2학년 때 비교적 이른 나이에 시단에 나왔다. 1996년 첫 시집 《처형극장》을 내고 난 뒤 그는 엄청나게 방황했다. 뒤늦게 눈 밝은 평자들이 "이 시집 하나로 강정은 우뚝한 시인"이라며 상찬을 아끼지 않았지만, 그는 당시 "시집이라고 내놓았는데 세상에서 전혀 통용되지 않고 아무 의미도 없는 것 같았다"고 술회했다. 게다가 뒤이어 나라는 구제금융 사태 속으로 깊숙이 빨려 들어갔고 그가 나름대로 의미를 부여했던 시 쓰기가 허무해져버렸다. 방황이 꽤 길기는 했지만 그는 천생 시와 떨어져 살 수는 없는 운명이었다.

"병든 죽음과 병들지 않은/ 삶 사이에서 한 올의 실수도 섞이지 않은/ 바람이 분다 청춘은 죽음을 놓지를 않고/ 죽음은 끊임없이 청춘 위에 천장마냥 드높은데/ 폐품처럼 나의 청춘이 부스럭거리면서/ 이곳이 지옥이야, 아무거나 덮고 꿈꾸어도 발/ 밑에 수천 개의 신천옹 새끼들이 편대로 꺼져드누나/ ……/ 나는 노래의 끝의 가장 깊숙한 지평선으로 잠행한다/ 태양이 반쯤 산발한 혓바닥을 꽂은 거기에/ 땅위로 솟은 나머지 절반이 아직도 하늘보다 할 말이 많은/ 세계의 끝을 빨아들이는" 〈지하생활자의 시〉 부분

도스토예프스키의 〈지하생활자의 수기〉를 패러디한 제목에 알 수 있듯이 세상과 어울리지 못하는 이의 청춘은 늘 죽음의 이미지를 거느린다. 강정의 시에서 죽음은 장신구처럼 따라다닌다. 세 번째 시집 《키스》의 서두와 끝을 열고 닫는 시도 "……땅속에 덮이는 하늘/ 맨발로 뛰쳐나가 생의 지도를 다시 찍으니/ 펄럭이는 파도 끝자락에 마지막 詩가 불붙는" 〈사후死後의 바람〉이다. 그는 심지어

"이상하다 정말 이상하다 수천 번 죽음을 노래했건만/ 내가 아직 살아 있는 게 이상하다"〈불안스런 것들〉고까지 읊조린다. 〈지하생활자의 시〉에서는 "땅 속에 갇혀도 살아내는 힘이 죽음"이라고 설파했는데, 그가 받아들이는 죽음의 진짜 이미지는 어떤 것일까.

물어버린 아픔

그는 정작 죽음에 대해서 특별하게 생각하거나 의미를 부여하거나 부정적인 편견을 가지고 있는 건 아니라고 했다. 다만 첫 시집을 낼 무렵이나 지금이나 하나의 뿌리 깊은 인식의 토대 정도로 여기고 있으며 모종의 시적 테마로 설정했던 것도 아니라고 물러섰다. 그저 매순간 어떤 황홀이나 쾌락이나 고통 등이 느껴질 때 죽음이 이런 게 아닐까 하는 실질적 체감이 있었을 뿐 그걸 한정된 단어, 한정된 감각으로 언어화하자니 죽음이란 단어가 부지불식 반복됐던 것 같다는 것이다. 그냥 하나의 에너지 과잉, 홧병에서 신명으로 넘어가는 물리적 상태 정도로 파악하고 있다고 덧붙였다. 과연 그러한가.

"팔다리가 묶여 있습니다/ 벗어나고 싶지 않아요/ 꿈을 꾼다는 건 얼마나 지독한 자유인가요/ 나는 이곳에서 죽으렵니다/ 여기는 그림자에게 육체를 불어넣는 공장/ 눈, 코, 입 그리고 생식기가 없는 사람들/ 아랫도리에 심장 같은 불길이 반짝여요/ 바깥에는 얼마나 뜨거운 태양이 타고 있을까요"〈처형극장〉 부분 강정의 시들은 하나같이 독하다. 폭발 직전처럼 내압이 초고조에 도달해 있다. 그의 시들을 미래파의 원조로 분류하면서 젊은 시인들의 난해한 어법이 그에게서 비롯됐다고 말하는 이들도 있는데, 정작 그의 시들에서는 '독한 서정'이 느껴진다. 그렇다고 했더니, 그는 "모든 시는 다 서정시"라고 짧게 응수했다. 그는 "'서정'이라고 규정지으면서 논의되는 인간의 감정과 심상에 대한 그릇된 편견이 너무 많다"면서 "따뜻하고 보드랍고 잔잔한 것만 서정이 아니다"고 부연했다. 극명한 냉온 사이에서 요동치는 존재가 인간이라고 생각하는데, 그 요동질 자체를 언어로 토로하는 게 시적 서정 내지는 서정의 양식화라고 생각한다는 것이다.

그는 혼자 있을 때 지금도 자주 운다고 했다. 가끔씩 울어주어야 무언가 해갈이 되는 느낌이라고 했다. 울 때가 되면 음악 하나 듣고도, 혹은 집안일을 생각하면서 스스로 그런 느낌을 조장한다고 했다. 뭔가 명징하게 보이면 오히려 비현실적으로 느껴져서 슬퍼진다고 했다. 말미에 우리는 결국 노래방에 갔고 그의 가창은 매력적이었다. 로커들이 그렇듯이 그의 목소리도 허스키한 편이었는데 이빨 사이로 바람이 새는 듯한 그만의 성음은 슬픔을 녹여내기에 적합했다.

그가 김동환의 〈묻어버린 아픔〉을 불렀을 때는 소름이 돋았다. 홍대 입구 부근에서 아직 혼자 자취 살림을 꾸려가고 있는 그에게 5년 전쯤 지독한 사랑이 지나간 적이 있는데 그때 자신이 도망쳤

노라고 했다. 나름대로 죄어주는 게 있어야 움직이는 사람 같은 느낌이긴 한데, 정작 조여져 있는 순간에는 직장이든 여자로부터든 도망가게 된다는 것이다. 요컨대 약간 탈레반스러운 기질이 있는 것 같다고 그가 낯선 짐승의 표정으로 말했다.

"냄새로 사물을 식별하는 건 비단 네 발 짐승의 장기만이 아니다/ 지워진 너의 냄새가 사방 분분한 낙엽의 마지막 숨결에서 배어 나온다/ 이 친밀도 높은 인분의 기척을 나는 인간에 대한/ 또 다른 전망으로 읽는다/ 인간이 사랑을 멈추지 않는 까닭은/ 이미 퇴화한 감각에 대한 질긴 향수 때문이다." 〈낯선 짐승의 시간〉 부분

노래

숨을 뱉다 말고 오래 쉬다 보면 몸 안의 푸른 공기가 보여요
가끔씩 죽음이 물컹하게 씹힐 때도 있어요
술 담배를 끊으려고 마세요
오염투성이 삶을 그대로 뱉으면 전깃줄과 대화할 수도 있어요
당신이 뜯어먹은 책들이 통째로 나무로 변해
한 호흡에 하늘까지 뻗어갈지도 몰라요
아, 사랑에 빠지셨다구요?
그렇다면 더더욱 살려고 하지 마세요
숨이 턱턱 막히고 괄약근이 딴딴해지는 건
당신의 사랑이 몸 안에서 늙은 기생충을 잡아먹고 있기 때문이에요
그저 깃발처럼
바람 없이도 저 혼자 춤추는 무국적의 백기처럼, 그럼요 그저 쉬세요
즐거워 죽을 수 있도록

강 정

1971년 부산에서 출생하여, 추계예대 문예창작학과를 졸업했다. 1992년 계간 《현대시세계》 가을호에 〈항구〉 외 5편의 시를 발표하면서 등단했다. 시집으로 《처형극장》 《들려주려니 말이라 했지만》 《키스》, 산문집 《루트와 코드》 《나쁜 취향》 등이 있으며, '침소밴드' 리드보컬이다.

시대에 쫓긴 자의 애닲은 노래
/
김사인 〈노숙〉

"
언제나 고향 돌아가 그간의 있었던 일들을
울며 아버지에게 여쭐까
"

깊은 서정의 울림

엉뚱하게도 멀리 카이로까지 날아와 새벽에 시인 김사인을 쓴다. 그이의 고향 충북 보은 회남면의 대청호 수몰지 부근을 돌아본 건 두어 주 전이지만, 어쩌다보니 해외출장 길까지 그를 안고 나섰다. 찬란한 고대문명을 꽃피우고도 대영박물관이나 루브르 혹은 미국의 메트로폴리탄박물관 등에 정작 알토란 같은 유물들을 넘겨준 이집트 사람들이나, 오래전 물에 잠긴 고향을 떠나 객지를 떠돌면서 수배와 투옥과 글쓰기로 한 세월을 보냈던 시인이나 애달프기는 마찬가지다.

"헌 신문지 같은 옷가지들 벗기고/ 눅눅한 요위에 너를 날것으로 뉘고 내려다본다/ 생기 잃고 옹이진 손과 발이며/ 가는 팔다리 갈비뼈 자리들이 지쳐 보이는구나/ 미안하다/ 너를 부려 먹이를 얻고/ 여자를 안아 집을 이루었으나/ 남은 것은 진땀과 악몽의 길뿐이다/ 또다시 낯선 땅 후미진 구석에/ 순한 너를 뉘었으니/ 어찌하랴/ 좋던 날도 아주 없지는 않았다만/ 네 노고의 헐한 삯마저 치를 길 아득하다/ 차라리 이대로 너를 재워둔 채/ 가만히 떠날까도

싶어 네게 묻는다/ 어떤가 몸이여"⟨노숙⟩

　이 시를 표제로 내세워 19년 만에 내놓은 두 번째 시집에 발문을 썼던 평론가 임우기는 "정수리로 내려치는 우레 같은 시"라고 했다. 과연 깊고 떨리는 시편이다. 이 시에서 시인이 "어떤가 몸이여"라고 가만히 물었을 때 그 직접적인 대상은 서울역 지하도나 남산 자락의 노숙인들이 아니었다. 물음의 대상은 바로 그 자신의 몸이었다.

　1977년 서울대 국문과 학생이었던 그는 이른바 '서울대 반정부 유인물 배포 미수 사건'에 걸려 첫 번째 징역을 살았다. 서슬 퍼런 유신 치하에서 긴급조치 위반은 곧바로 빨갱이 취급을 당하는 엄혹한 시절이었다. 이후 다시 1980년 '서울의 봄'에 잠시 해방감을 맛보았지만 이내 광주항쟁이 터졌고, 그는 다시 요주의인물로 수배대상이 되었다가 이듬해 잡혀 들어갔다. 고난의 시절은 계속 이어졌다. 1989년 다시 투옥됐다가 나온 뒤로는 내내 도피의 세월을 살았다. 두 딸과 아내가 기다리는 집으로 들어가지 못한 채 객지를 잠행으로 떠돈 게 2년 세월이었다. 이 무렵 바로 시 ⟨노숙⟩이 나왔다.

　"겁에 질린 한 사내 있네/ 머리칼은 다복솔 같고 수염자국 초라하네/ 위태롭게 다문 입술 보네/ 쫓겨온 저 사내와/ 아니라고 외치며 떠밀려온 내가/ 세상 끝 벼랑에서 마주 보네/ 손을 내밀까 악수를 하자고/ 오호, 악수라도 하자고/ 그냥 이대로 스치는 게 좋겠

네/ 무서운 얼굴/ 서로 모른 척 지나는 게 좋겠네"〈거울〉

겁에 질려 쫓겨 온 사내와 아니라고 외치며 떠밀려온 '나'는 두말 할 것도 없이 동일 인물이다. 느린 말투에다 무방비 상태의 너털거리는 순한 웃음을 자주 웃는 그이에게서 '투사'의 이미지를 발견하기는 쉽지 않다. 그이가 지나온 저 고난의 연대, 그 20여 년 세월을 들어보니 짐작이 맞았다. 그는 천생 갈 데 없는 촌사람이었고, 그 연대를 통과하고도 지금까지 살아남아 깊은 서정의 울림을 전할 수 있는 힘이 또한 거기에 있었다.

떠밀려가던 삶

눈이 많이 내린 뒤끝이라서 전국 도로가 빙판길이었던 날, 우리는 서울에서 만나 시인의 고향을 향해 차를 몰았다. 그는 수몰지인 자신의 고향땅을 가려면 계곡 사이로 난 국도로 가야 분위기를 제대로 느낄 수 있지만 길이 미끄러우니 고속도로로 가자고 했다. 내려가는 내내 궁금한 것들을 지속적으로 물었고, 그는 느리지만 차분하게 말해주었다.

그는 '쫓겨온 사내'였고 '떠밀려온 사내'였다. 지금은 수몰된 보은 회남면 신곡리 '약방집' 둘째아들로 태어났다. 어린 시절부터 공부를 잘해 인근 아이들은 그를 본받으라며 회초리를 맞아야 했고, 중고등학교는 대전으로 나와 다니다 급기야 서울의 국립대학교까지 입학한 그는 고향땅에서 선망어린 대상이었다. 약방을 하던 아

버지가 어쩌다 빚에 몰려 하숙비도 못내는 처지에 몰려 우울하던 중학생 소년이 우연히 끼적거려놓은 글을 선생이 백일장에 투고해 상을 받게 된 것이 '글쟁이'와 연을 맺게 된 단초였다.

  소문이 나서 그는 중학교 졸업반 때 대전 지역 고등학생 문학 서클로 형님 누나들에게 스카웃되었다. 그 누님들 옆에 가면 가슴을 달뜨게 하는 냄새가 났는데, 지금 생각하면 그건 로션 냄새였다. 그 누나들에게 좋은 소리를 듣기 위해 용을 써가며 시를 썼다고 했다. 그때 그가 좋아했던 세계는 미당이나 강은교, 루이제 린저와 전혜린이었다. 한데 대학에 입학해보니 그때까지 이름도 못 들어본 '김수영'과 '신동엽'을 좋아해야 하는 분위기였다.

"아이구, 큰일 났더라구. 내가 여태껏 좋아했던 건 소부르주아적이고 퇴폐적인 거였어……. 참 안 좋아져서 굉장히 애먹었어요. 머리와 여기하고가 안 맞아가지고 못 쓰는 거야."

'여기'란 당연히 '가슴'이다. 그런 분위기에서 미당의 〈춘향유문〉이 좋다고 뇌까리면 완전히 보수반동이 될 수밖에 없었다. 어느 날 술을 먹고 붓 가는대로 쓰고 나서 아침에 보면 그건 '옳지 않은' 시였다. 그래서 술을 마시지 않은 상태에서 작심하고 '옳은 시'를 써놓고 나면, 이건 시가 아니라는 느낌이 밀려들었다. 그러나 그 시절은 옳고 옳지 않다는 구분에 불만을 품기에는 미안하고 사치스러운, 급박하고 아픈 시절이었다. 친구들은 잡혀가서 매를 맞고 고향 동창들은 싸구려 미싱사로 쪽방에서 일하다 폐병에 콜록거리며 죽어가던 그런 시절이었다.

그는 1990년대 중반쯤에 이르러서야 '옳은 시'여야 한다는 강박에서 비로소 벗어났다고 했다. 얻어터질 만큼 터지면서 한 20년 보내니까 오금이 풀리면서 그게 다는 아닌 것 같았고, 편해졌다. 편안하면서도 깊은 삶에서 우러나오는 떨림이 깃든 〈노숙〉이 터져 나올 수 있었던 것도 그런 맥락이었다. 그는 세 번 투옥됐고 자주 수배를 피해 잠행을 해야만 했는데, 공교롭게도 매번 체포된 장소는 고향집 아버지 앞에서였다. 눈앞에서 잡혀가는 자식을 바라보아야 했던 부모의 마음은 새삼 부연할 필요도 없겠다.

"옛 마을은 다 물 속으로 거꾸러지고/ 산날망 한귀퉁이로 쪼그라붙은/ 내 고향동네 휘 둘러보면/ 하늘은 더 낮게 내려앉아 있고/ 사람들의 눈은 더 깊이 꺼져 있고/ 무너지고 남은 부스러기들만 꺼칠하게 산다/ 헌 바지 저고리/ 삭막한 바람과 때 없이 짖어대는 똥개 몇 마리가 산다" 〈내 고향동네〉 부분

밤에 쓰는 편지

시인은 고향에 이르러 가라앉은 옛 마을 부근의 대청호 수면을 가리키며 지금도 그때 그 마을의 고샅들이 눈에 선하다고 했다. 처음 시를 쓰던 80년대 중반 무렵은 고향에 대한 미안함과 부채감이 강했다. 두 학급뿐이었던 회남국민학교에서 중학교로 진학하는 학생은 대여섯 명에 불과했고 나머지는 졸업하면 곧바로 농사를 거들거나, 공장으로 가거나, 식모살이를 떠났다. 어쩌다 보니 자신만 동아줄을 타고 그 가난에서 빠져나와 있는 형국이었는데, 고향까지 수몰되어 해체된 상황에서 대처로 떠난 이들은 대부분 망하거나 폐인이 되어 죽었다는 소문마저 들려왔다. 좋아하던 동급 여학생은 중학교를 다니다 그만 두고 대전의 방직회사로 갔는데 꼬챙이처럼 말라 2년 만에 집에 돌아와 시름시름 앓다가 죽었다.

아이들 자라 고향을 묻거든

아이들 자라 고향을 묻거든
이곳에 와 소리쳐 부르게 하라
가난했으나
지상에서 가장 따뜻하고 아름답던 곳
솔개를, 서당평을, 사자울을 부르게 하라
산수골을, 어성을, 양중지를, 살목을, 바탕뫼를,
영당을, 새별을, 사당마루를, 정문거리를 소리쳐 부르게 하라

눈물을 닦고
별 총총하던 그 여름밤을 말해 주라
키 큰 미루나무의 신작로길을, 가재와 다슬기들의 시내를
순한 소들과 깔 베던 어린 지게들을
동네마다 불을 켜던 가을 감나무들과 아늑한 저녁 연기들을
캄캄한 고갯길을, 벚꽃 만발하던 모교의 교정을
말해주라
겨울 강 쩡쩡 얼음 터지는 소리에 잠을 설치며
딴딴한 장딴지의 젊은 아버지와
가르마 슬기롭던 젊은 어머니 함께
우리는 여기서 살았노라고

훗날 누가 고향을 묻거든
그대 눈물을 닦고
내 고향, 그 빛이 너무도 고와
그 빛 너무 눈부셔
시샘한 수궁이 데려갔노라 일러주라
무심한 저 물 앞에 서서 그리운 이름들 소리쳐 부르라,
부르게 하라

김 사 인 (동덕여대 교수, 시인)

"여자아이네 교실 오른쪽 벽// 기억하지 엄마야 누나야 강변 살자 슬픈 눈 사내아이 뒷짐 지고 하늘을 보던 액자 하나// 금모래 뜰 갈잎 숲으로 나를 불러 나도 그림 속으로 쫓아들어가 뒷짐 지면 슬프게 하늘 보면 강물 소리도 날 좇아와 저희 엄마 누나 생각 얼굴 흐려져 차라리 눈 감고 흐르데"〈5학년 2반 교실에서〉 부분

산 날망을 깎아 수몰지 위쪽에 새 마을을 만들었는데, 그곳에서 시인의 부친 김영근 씨는 3년 전 아내를 먼저 보내고 홀로 약방을 운영하며 살고 있다. 아들의 큰 절을 받고난 아버지는 두 손을 붙잡고 정겨운 눈빛을 거두지 못했다. 보은군에 사는 송찬호 시인을 읍에서 만나 일행이 저녁식사를 같이 하기로 약조한 터여서 인사만 드리고 떠나려했지만, 부친은 안타까운 눈빛으로 붙잡았다. 그렇지 않아도 홀로 식사를 해야 할 상황인데 서울에서 아들 일행이 찾아왔다가 그냥 훌훌 떠난다는 건 차라리 찾지 않은 것만도 못해보였다. 그래서 부친이 자주 찾는다는 대청호변 향어횟집으로 간 것인데, 그곳에서 부친의 친구들이 반갑게 인사를 건네 왔다. 그가 홀로 외롭게 저녁식사를 하리라고 짐작한 건 쓸데없이 넘겨 짚은 거였다. 노인회장을 10여 년째 맡아 감사패까지 받을 정도로 그는 동네에서 즐겁게 말년을 보내는 노익장이었다. 아들과 함께 찾아온 손들을 대접해 보내려 한 그의 마음이 그제야 선명하게 읽혔다.

"누구도 핍박해본 적 없는 자의/ 빈 호주머니여// 언제나 우리는

고향에 돌아가/ 그간의 일들을/ 울며 아버님께 여쭐 것인가"〈코스모스〉

그날 저녁 늦게 읍으로 나가 송찬호 시인과 더불어 밤을 보낸 뒤 다음날 시인을 대전 고속버스터미널까지 태우고 갔다. 가는 길에 요즘 관심사를 묻자 그는 자신의 책상머리에 붙여놓은, 풍선을 만들 때 사용하는 하얀 분가루를 뒤집어 쓴 방글라데시 어린아이들 사진에 대해 말했다.

적어도 80년대까지만 해도 아시아, 아프리카 등 이른바 제3세계에 대한 연대감이 있었는데 지금은 "벼락부자 비슷하게 돼 가지고 그냥 막 먹고 막 쓰고 돈이면 장땡"이어서 "도대체 이런 놈의 세월에 어떻게 써야 제대로 글질을 허는 노릇이 되나 모르겠다"며 그는 너털웃음을 시종 웃어댔다. 처음 만날 때부터 큼직한 배낭을 지고 나와 왠 짐이 그리 많은 것인지 의아했는데, 그는 아예 이 길로 여러 날 떠돌 작정이었던 모양이다. 카이루 르 떠나는 날 전화를 넣었더니 그는 아직 해인사에 머물고 있었다. 〈목포〉도 그렇게 대책 없이 떠돌다가 채굴한 시였을 게다.

"배는 뜰 수 없다 하고/ 여관 따뜻한 아랫목에 엎드려/ 꿈결인 듯 통통배 소리 듣는다/ 그 곁으로 끼룩거리며 몰려다닐 갈매기들을 떠올린다/ (……)/ 밖에는 바람 많아 배가 못 뜬다는데/ 유달산 밑 상보만 한 창문은 햇빛으로 고요하고/ 나는 이렇게 환한 자부럼 사이로 물길을 낸다/ 시린 하늘과 겨울 바다 저쪽/ 우이도 후박나무숲까지는 가야 하리라/ 이제는 허리가 굵어져 한결 든든할 잠

의 복판을/ 저 통통배를 타고 꼭 한 번은 가 닿아야 하리라/ 코와 귀가 발갛게 얼어서라도"〈木浦〉부분

노숙

헌 신문지 같은 옷가지들 벗기고
눅눅한 요위에 너를 날것으로 뉘고
내려다본다
생기 잃고 옹이진 손과 발이며
가는 팔다리 갈비뼈 자리들이
지쳐보이는구나
미안하다
너를 부려 먹이를 얻고
여자를 안아 집을 이루었으나
남은 것은 진땀과 악몽의 길뿐이다
또다시 낯선 땅 후미진 구석에
순한 너를 뉘었으니
어찌하랴
좋던 날도 아주 없지는 않았다만
네 노고의 헐한 삯마저 치를 길 아득하다
차라리 이대로 너를 재워둔 채
가만히 떠날까도 싶어 네게 묻는다
어떤가 몸이여

김사인

1956년 충북 보은에서 출생하여, 서울대 국문과를 졸업했다. 1982년 《시와 경제》 창간 동인으로 참여하며 시를 쓰기 시작했다. 시집으로 《밤에 쓰는 편지》 《가만히 좋아하는》 등이 있으며, 현대문학상, 대산문학상, 신동엽창작기금을 받았다. 현재 동덕여대 문예창작과 교수로 있다.

아픈 계절, 아픈 시^詩
/
안현미 〈곰곰〉

'하시시' 울고 있는 엄마를 찾아 세상 안 경계로 들어서다

혼돈의 세월

안현미 시인과 함께 태백에 다녀왔다. 시인을 길 위에서 깊이 만나러 다녀온 것인지, 아니면 '어느 날 갑자기 사라진 엄마, 어느 날 갑자기 바뀐 엄마, 그 변신하는 엄마들'(안현미의 자전적 산문 〈시마할〉에서)의 일부를 체험하기 위해 다녀온 것인지, 이 기사를 쓰기 위해 앉아 있는 지금, 그야말로 혼돈의 '하시시' 상태다.

태백은 안현미가 태어나서 여섯 살까지 성장한 고향인데, 그곳에서 오기와 낙천과 사랑을 유년의 정서에 새긴 뒤 '세상 밖 경계선' 문막까지 나아가 새로운 엄마와 살다가, 무심한 듯 따뜻했던 그 엄마가 다른 세상으로 떠난 한참 뒤, 그녀를 이 세상에 떨구고 갑자기 사라졌던 엄마를 만나러 함께 떠난 여정이었다. 처음부터 그 엄마를 만나러 떠난 건 아니었는데, 말 그대로 시인의 문학공간을 찾아가는 길 위의 여정이었는데, 결과적으로 그렇게 된 셈이다.

"안개 핀 호수를 건너 태백 이전으로 날아가는 시간들, 날아가 아픈 이마 위에 놓여질 착한 물수건 같은 시간들, 그 이마 위에서 안개처럼 피어오를 미열들, 그 미열들을 끌어안고 안개꽃이 되고 있는 저 여자 제 꼬리를 문 물고기 같은 여자 한때 나였던 저 여자

활엽수 같은 웃음소리를 지닌 저 여자"〈안개사용법〉 부분

시인은 '활엽수 같은 웃음소리'라고 했지만 어떤 귀에는 '오토바이 엔진 소리'처럼 들린다. 시인은 그렇게 오토바이 달리는 소리를 내면서 자주 웃곤 한다. 짐짓 명랑하기 짝이 없는 소리인데, 애초에는 우울을 가리려는 셈법이 작동했을 테지만 이젠 자신도 어쩔 수 없이 습관이 되어버린 소리 같다.《시인세계》에서는 '주목할 만한 젊은 시인'으로 선정했고, 이제 갓 두 번째 시집을 펴냈을 뿐인데도 뭇 미디어와 시단의 각광을 받고 있는 안현미 시인이다. 어떤 힘인가.

그네는 일단 '타고난 시인'이다. 타고나지 못한 시인들이 들으면 억울하겠지만, 그네는 시를 쓸 수밖에 없는, 그것도 잘 쓸 수밖에 없는 시를 살아왔다. 남인수의 노래를 남인수보다 더 잘 부르는 남자, 장동건이 일찍 태어났더라면 그이 때문에 빛이 바랬을 남자가 시인의 아버지였다고 했다. 그 아버지가 조강지처를 따로 두고, 서른도 되기 전에 남편과 사별한 채 딸 둘을 키우던 태백 장성광업소 부근의 여인을 만나 그네를 낳았다.

아비는 탯줄을 직접 자신이 끊을 정도로, 갑자기 불어난 아우라지 강물에 떠내려가던 젖먹이를 구하기 위해 몸을 사리지 않을 정도로, 그 딸을 예뻐했다. 그네는 여섯 살 무렵 아버지의 조강지처에게 보내졌고, 깊은 막장과 넓은 세상의 길 위를 오가던 아버지는 늘 바깥에 있었다. 어느 날 불쑥 돌아온 무법자 같던 아버지와는,

그가 작고할 때까지 화해하지 못했다. 그녀는 '고독의 발명가'로 살았고, '고장 난 추억'을 저장했다.

"아마존 사람들은 하루 종일 내리는 비를 여자비라고 한다/ 여자들만이 그렇게 울 수 있기 때문이라고 한다// 울지 마 울지 마 하면서/ 우는 아이보다 더 길게 울던 소리/ 오래 전 동냥젖을 빌어 먹던 여자에게서 나던 소리// 울지 마 울지 마 하면서/ 젖 먹는 아이보다 더 길게 우는 소리/ 오래전 동냥젖을 빌어먹던 여자의 목 메이는 소리"〈여자비〉

거짓말 같은 시를 타전하다

처음부터 그녀의 사연을 알고 떠난 여정은 아니었다. 소탈하고 과감한 성격의 시인이라는 건 알고 있었지만, '미래파'와 '시서정' 사이에 낀 《불편》의 동인이라는 건 알고 있었지만, 언어를 능란하게 부리는 감각적인 시인이라는 건 얼추 짐작하고 있었지만, 그녀의 나이테에 새겨진 구체적인 무늬를 알고 떠난 건 아니었다. 태백을 향해 가는 차 안에서 물었고, 그녀는 잠시 뜸을 들이다가 막힘없이 쏟아버렸다.

"여상을 졸업하고 더듬이가 긴 곤충들과 아현동 산동네에서 살았다 고아는 아니었지만 고아 같았다 사무원으로 산다는 건 한 달치의 방과 한 달치의 쌀이었다 그렇게 꽃다운 청춘을 팔면서 살았다 꽃다운 청춘을 팔면서도 슬프지 않았다 가끔 대학생이 된 친구

들을 만나면 말을 더듬었지만 등록금이 없어 학교에 가지 못하던 날들은 이미 과거였다 고아는 아니었지만 고아 같았다 (……) 꽃다운 청춘을 바쳐 벌레가 되었다 불 꺼진 방에서 우우, 우, 우 거짓말을 타전하기 시작했다" 〈거짓말을 타전하다〉 부분

가난해서 인문계보다 연합고사 커트라인이 높은 서울여상에 진학했고, 졸업 후 대기업 사무보조원으로 취직해 살다가 20대 후반에 서울산업대학 문예창작과 야간반에 등록했고, 사무보조원 시

절 아현동 월세방에서 살면서부터 '더듬더듬, 거짓말 같은 시를' 타전하기 시작했던 그네는 결국 시인이 되었다. 그네는 김경주, 김민정 같은 시인들이 소속된 《불편》이라는 동인의 맏언니 격인데, 정작 그네의 시는 난해한 미래파와 새로운 서정 사이에 양다리를 걸치고 있다. 이 지점이 미래파의 시를 해독하기 어려운 독자에게는 나름대로 가교 역할을 해주는 안현미 시인의 미덕인데, 그건 자신의 의지와 무관한 생의 밀도 때문일 것이다.

스물한 살 때, 그네는 생의 크레바스에 도달했다. 이대로 살아야 하는 건지, 삭발하고 산문에 들어야 하는지 막막하고 슬펐다. 한 번도 자신을 먼저 찾지 않았던 친엄마를 찾아가는 건 자존심이 상했지만 중요한 문제였다. 아무에게도 묻지 않고, 어린 시절 기억에 남은 '뚱순이 엄마'를 찾아 태백으로 갔고, 장성광업소 함바 집에서 만난 그 엄마는 대수롭지 않게 "인중에 점이 있는 걸 보니 맛네" 하면서 밥을 고봉으로 퍼주었다. 그네가 태백으로 가는 차 안에서 섭섭한 듯 술회한 쿨한 친모와 상봉 장면이다.

태백의 첫 목적지는 한강의 발원지 '검룡소'였다. 그네가 추천한 공간이었는데, 그건 여섯 살까지 살았던 시인의 발원지 태백과 일맥이 통하는 시원의 공간이었다.

"왜 모든 짐승들에겐 엄마라는 구멍이 필요한지, 시간조차 그 구멍으로부터 발원하는 발원수 같은 거 아니겠는지 시도 때도 모르고 철없이 핀 꽃처럼 울다가 웃다가 고독은 나무처럼 자라고 계절

을 바꾸어 타고 먼먼 바다로 헤엄쳐 가는 물고기가 수면 밖으로
제 그림자인 양 쳐다보는 나무는 엄마라는 구멍처럼 고독합니다
가엾은 당신 나의 엄마들 끝끝내 삶은 죽음일 테지만 죽기 위해
제 기원을 찾아 뭍으로 돌아오는 거대한 포유동물처럼 젖이 아픈
계절입니다." 〈계절병〉 부분

태백이 그네 삶의 시원이라면, 그중에서도 검룡소는 시인을 발원
시킨 '젖꼭지'인 셈이다. 검룡소까지 가는 1.3킬로미터의 산책길은
빙판이었다. 빙벽을 등반하듯 어렵사리 왕복한 뒤 태백으로 내려
가는 길에 엄마가 장성광업소 인근 '자장면집'에서 일하고 있다고
시인이 발설했다. 먼저 청하긴 쉽지 않았지만 결국 그곳으로 갔고,
시인의 엄마가 일하는 자장면집 '장성각'에 들어가 시인과 생모의
3년 만의 만남을 지켜보았고, 그날 밤 그네들의 묵은 사연을 들었다.

가슴 속에 담긴 세월

장성각에서 나와 인근 식당에서
시인이 태백에 올 때마다 먹고 싶었다는 도루묵찌개를 시켜놓고
술을 마시던 자리였는데, 시인의 어머니 엄정자 여사가 드르륵 문
을 밀치고 들어섰다. 술잔이 오고가는 사이에 슬며시 물었다. 딸을
보내고 어찌 한 번도 연락을 안 했으며, 스스로 찾아와도 그리 쿨
하게 대한 연유가 무엇인지. 그네는 긴 말 없이 "딸의 안부를 바위
에게 물었다"고 답했다. 태백은 강원도 깊은 산중이어서 영험한 바

위도 많은 모양인데, 그네는 늘 그 바위를 치면서 딸의 안부를 물었다고 했다. 어느 바위냐고 물었더니, 가슴 속에 박혀 있던 바위였다고 엄마는 답했다. 기분이 좋으면 그 바위는 딸의 안부를 긍정적으로 전해주었고, 우울하면 아무리 그 바위를 탕탕 쳐도 슬픈 소식만 돌아왔다고 그네는 말했다. 시인의 유전자를 내려준 생모가 분명하다.

"바람이 분다/ 양귀비가 꽃피는 그녀의 옥탑방/ 검은 구두를 신은 경찰이 어제, 다녀갔다/ 하시시 웃고 있는 여자// 환각을 체포할 수 있는 영장은?// 검은 구두를 신은 경찰이 오늘, 다녀갔다/ 사랑은 떠나지 않아도 사내는 떠났다/ 하시시 울고 있는 여자/ 검은 구두를 신은 경찰이 내일, 다녀간다/ 하시시 피어오르는 향기// 그림자를 체포할 수 있는 영장은?// 마리화나 같은 추억/ 하시시 바람이 분다/ 아편과 같아 사내는,// 중독을 체포할 수 있는 수갑은?// 그녀의 옥탑방/ 하시시/ 양귀비꽃 붉다"〈하시시〉

환각과 그림자와 추억을 체포할 수 있을까. 안현미 시인은 환각과 그림자와 추억을 언제든지 퍼내서 쓸 수 있는 웅숭 깊은 샘을 지니고 있는 셈이다. 하지만 그냥 퍼내서 읊기만 한다고 시가 될 수는 없다. 타고난 언어감각과 생에 깊숙이 뿌리 내린 예민한 촉수가 없는 한 시라는 건 아무나 함부로 쓸 수 있는 장르가 아니다. '주목할 만한 젊은 시인' 안현미의 첫 시집 제목《곰곰》은 환웅이 강림한 태백산 천제단과 그 인근에서 여전히 살고 있거나 출향한 여인들의 생과 아무리 생각해도 곰곰 어울린다.

"주름진 동굴에서 백 일 동안 마늘만 먹었다지/ 여자가 되겠다고?// 백 일 동안 아린 마늘만 먹을 때/ 여자를 꿈꾸며 행복하기는 했니?// 그런데 넌 여자로 태어나 마늘 아닌 걸/ 먹어본 적이 있기는 있니?"〈곰곰〉

안현미는 두 번째 시집 자서에 "부러 그리한 것은 아니었으나/ 내 존재로 인해 고통 받았던 여인들/ 무덤 속에 있는 엄마와 태백에 있는 엄마/ 내 삶과 죽음의 공양주 보살들에게/ '감히' 이 시집을 바친다"고 썼는데, 이 구절을 듣고 태백의 어머니는 그날 미안하다고 딸에게 말했다. 자장면집 '장성각'에서 일하는 그네는 "마늘을 깔 때 까고 또 까면 맨 마지막에는 얄부리 하고 예쁜 속살이 나온다"면서 "처음 깔 때는 아프지만 맨 마지막에는 너무 예쁜 것처럼 우리 현미 시가 이기와 똑같다"고 양파를 깔 때처럼 젖은 눈으로 말했다.

곰곰

주름진 동굴에서 백 일 동안 마늘만 먹었다지
여자가 되겠다고?

백 일 동안 아린 마늘만 먹을 때
여자를 꿈꾸며 행복하기는 했니?

그런데 넌 여자로 태어나 마늘 아닌 걸
먹어본 적이 있기는 있니?

안현미

1972년 강원도 태백에서 출생하여, 서울산업대 문예창작과를 졸업했다. 2001년《문학동네》신인상에 〈곰곰〉외 4편이 당선됐다. 시집으로《곰곰》《이별의 재구성》등이 있다.

혁명을 꿈꾸던 청춘

/

김선우 〈대관령 옛길〉

아무도 오르려 하지 않는 청춘의 마지막 길
"너도 갈 거니"

청춘을 떠나는 뜨거운 별사

강릉 사람들은 '대관령'을 '대굴령'이라 부른다고 했다. 그날 대굴령은 짙은 안개 속에 있었고 마루에 올라도 시계는 여전히 불량했다. 대굴령의 안개는 자신의 속살을 더듬어가며 기를 쓰고 오르내리는 객들에게 함부로 얼굴을 보여주고 싶지 않은, 희미한 면사포 같았다. 지금은 대굴령 아래로 터널이 뚫려 굳이 구비 길을 돌아 영마루 넘어갈 일은 없어졌지만, 강릉 사람 김선우는 대략 15년 전 저쪽 겨울 그 대굴령 옛길에 올라 시대와 인간에 대해 아파하며 청춘과 이별하는 시를 하나 썼다.

"폭설주의보 내린 정초에/ 대관령 옛길을 오르다/ 기억의 단층들이 피워올리는/ 각양각색의 얼음꽃// 소나무 가지에서 꽃숭어리 뭉텅 베어/ 입 속에 털어넣는다, 화주火酒— // 싸하게 김이 오르고/ 허파꽈리 익어가는지 숨 멎는다 천천히/ 뜨거워지는 목구멍 위장 쓸개/ 십이지장에 고여 있던 눈물이 울컥 올라온다/ 지독히 뜨거워진다는 건/ 빙점에 도달하고 있다는 것/ 붉게 언 산수유 열매 하나/ 발등에 툭, 떨어진다"〈대관령 옛길〉

대학시절 김선우는 시와 가깝다기보다는 '혁명'을 꿈꾸는 피가 뜨거운 청년이었다. 80년대 말에서 동구권이 무너지는 90년대 초에 걸쳐 대학을 다녔으니, 이상적인 세상에 대한 조급한 꿈과 섣부른 좌절을 동시에 어쩔 수 없이 경험해야 했던 세대인 셈이다. 그가 대학을 졸업할 시점인 1992년은 '혁명'의 관점에서만 보자면 암담하기 짝이 없는, 같이 꿈을 꾸었던 이들도 뿔뿔이 흩어져 '변절'하는 세상이었다. 대학 졸업 후 1년 동안 그는 더 이상 갈 데가 없을 정도로 "막 살았다"고 했다. 그 참혹한 젊은 생의 바닥에서 그를 끌어올려준 게 바로 시였다. 죽음의 충동에서 구해준 것도 그 시여서, 다시 그를 살게 한 시에 그는 미친 듯이 매달렸다. 결국 1996년 《창작과비평》 겨울에 〈대관령 옛길〉을 포함한 시들을 발표하며 문단에 나왔다. 그러니 그 대관령은 그네 생의 한 구비를 넘어가는 명실상부한 고갯마루였다.

"때로 환장할 무언가 그리워져/ 정말 사랑했는지 의심스러워질 적이면/ 빙화의 대관령 옛길, 아무도/ 오르려 하지 않는 나의 길을 걷는다// 겨울 자작나무 뜨거운 줄기에/ 맨 처음인 것처럼 가만 입술을 대고/ 속삭인다, 너도 갈 거니?" 〈대관령 옛길〉

혁명을 꿈꾸었던 이들의 좌절과 회한은 사실 오래된 레퍼토리다. 하지만 세월이 가도 청춘의 심장을 그 시절 용광로에 담갔던 이들의 가슴 한구석은 작은 불쏘시개만 던져도 쉬 뜨거워진다. 마지막 행에서 시인이 "너도 갈 거니?"라고 속삭이듯 물었을 때, 처음에는 이별한 연인의 서러운 속울음인 줄 알았다. 김선우와 함께 대관령을 오르며 이 시의 배경을 듣고 나서야 이 말이 청춘을 떠나

는 뜨거운 별사였음을 알았던 것인데, 사실 연인의 울음으로 읽는 것도 무리는 아니었다. 2000년에 나온 그의 첫 시집 《내 혀가 입 속에 갇혀 있길 거부한다면》에 나오는 시편들은 혁명보다는 연애와 사랑 쪽에, 자연과 모성이 결합된 건강한 여성성의 이미지에 더 가까운 시들이었다.

독백이 시가 되다

대관령을 넘어 속초로 올라가 대포항에서 머물다가 이튿날 시인의 고향 강릉을 들러 서울로 돌아오는 여정 내내, 김선우는 명랑하고 맑았다. 그러고 보니 그의 시들도 어두워 침잠하는 것들보다는 아프지만 따스하고, 기울어져도 조화를 찾아가는 긍정의 시편들이 더 많았던 것 같다. 그네는 대관령으로 가는 차 안에서 얼핏 가족사에 대해 말했는데, 11살 많은 그의 둘째 언니가 비구니로 출가해 청도 운문사에서 수행중이고, 큰오빠가 중학생 때 사고로 죽는 바람에 부모가 생산을 중단한 지 9년 만에 다시 아들을 바라고 낳은 게 남자 이름으로 지어놓은 딸 선우였다. 오빠가 아니었으면 태어나지 못할 운명인 데다, 어느 관상쟁이는 형제들 중 누군가는 산에 들어갈 팔자라고 했다니, 죽은 오빠와 산에 들어간 누이를 대신하여 천상 속계에서 용맹정진할 수밖에 없는 숙명을 타고난 모양이다.

"몸져누운 어머니의 예순여섯 생신날/ 고향에 가 소변을 받아드리다 보았네/ 한때 무성한 숲이었을 음부/ 더운 이슬 고인 밤 풀여 치들의/ 사랑이 농익어 달 부풀던 그곳에/ 황토먼지 날리는 된비알 이 있었네/ 비탈진 밭에서 젊음을 혹사시킨/ 산간 마을 여인의 성기는 비탈을 닮아간다는,/ 세간속설이 내 마음에 천둥 소나기 뿌려/ 어머니 몸을 닦아드리다 온통 내가 젖는데/ 경성드믓한 산비알/ 열매가 꽃으로 씨앗으로 흙으로/ 되돌아가는 소슬한 평화를 보았네/ 부끄러워 무릎을 끙, 세우는/ 어머니의 비알밭은 어린 여자 아이의/ 밋밋하고 앳된 잠지를 닮아 있었네/ 돌아갈 채비를 끝내고 있었네"〈내력〉전문

아픈 엄마의 몸을 속속들이 만지고 보살피며 가엾어 하는 딸의 독백이 그대로 한 편의 시가 되었다. 여성의 신체 기관이 구체적인 이름으로 직접 등장해도 전혀 외설스럽지 않다. 김선우의 이러한 시쓰기 전략은 "옛 애인이 한밤 전화를 걸어 왔습니다/ 자위를 해 본 적 있느냐/ 나는 가끔 한다고 그랬습니다/ 누구를 생각하며 하느냐/ 아무도 생각하지 않는다 그랬습니다"로 시작해 "얼레지의 꽃말은 바람난 여인이래/ 바람이 꽃대를 흔드는 줄 아니?/ 대궁 속의 격정이 바람을 만들어"로 이어지는 〈얼레지〉에서도 구사된다.

"아욱을 치대어 빨다가 문득 내가 묻는다/ 몸속에 이토록 챙챙한 거품의 씨앗을 가진/ 시푸른 아욱의 육즙 때문에// ─엄마, 오르가슴 느껴본 적 있어?/ ─오, 가슴이 뭐냐?/ 아욱을 빨다가 내 가슴이 활짝 벌어진다/ 언제부터 아욱을 씨 뿌려 길러 먹기 시작

했는지 알 수 없지만/ ―으응, 그거! 그, 오, 가슴!/ 자글자글한 늙은 여자 아욱꽃핀 스민 연분홍으로 웃으시고" 〈아욱국〉 부분

광장보다는 밀실에서 소곤거리는 단어들을 자연을 닮은 보편적인 풍경으로, 건강한 일상으로 흡수해내는 능력이 뛰어나다. 그네는 이러한 시풍과 관련해 "나는 시인이 되려고 제도권에서 공부한 사람이 아니기 때문에 시적 전략이나 담론에 전혀 관심이 없는 사람"이라며 "어떻게 시를 써야 이 시대에 살아남을 수 있는지 고민하는 많은 시인들과 출발부터 달라서 90년대 유행했던 몸에 관한 담론이나 페미니스트들의 몸 해방론과도 관련이 없다"고 말했다. 오히려 담론이나 유행보다는 유소년기를 보낸 산천에서 얻은 힘이 그러한 시의 원동력일 것이라고 분석했다.

"초등학교 입학하기 전까지 내 놀이터는 뒷산이었어요. 동굴을 드나들기도 하고 버섯도 캐면서 홀로 그 산을 맨발로 누볐습니다. 나중에는 엄마 아빠가 부부싸움을 한 후 화해의식으로 이곳 바닷가로 우리 형제들을 데리고 나들이를 나오곤 했는데, 내 안의 에너지와 바닷가 우주의 에너지가 합쳐져 폭포처럼 쏟아지던 평화와 쾌감을 지금도 기억합니다. 할머니는 설거지한 물도 한꺼번에 휙 버리지 않고 미물들이 다치지 않도록 조금씩 나누어서 버렸어요. 이런 환경에서 자랐으니까 생태적 감수성이라는 게 학습 이전에 체득된 거라고 봐요."

이 말을 들은 곳은 이튿날 정오 무렵 강릉 안목 해변 찻집의 3

층 창가였는데, 전날과는 다르게 햇빛이 청명하게 푸른 동해에 내리꽂히고, 하얀 백사장이 경포 쪽을 향해 길게 달려가는 풍경이 넓은 통유리창 아래로 환히 내려다보였다. 시인은 이 평화로운 모태를 떠나 그동안 도시를 떠돌았다. 서울에서도 살았고 문막, 원주, 용인, 춘천 등지로 옮겨 다녔다. 2003년에는 문막의 전셋집을 뺀 돈으로 1년 반 동안 세계 도처를 유랑하기도 했다.

첫 시집이 각별한 주목을 받으면서 화제의 시인으로 떠올랐고, 동지라고 여겼던 페미니스트들의 비판을 받기도 했고 남성들로부터는 지나치게 페미니즘적이라는 이유로 배척당하기도 했다. 두 번째 시집 《도화 아래 잠들다》에서는 "동쪽 바다 가는 길 도화 만발했길래 과수원에 들어 색色을 탐했네/ 온 마음 모아 색을 쓰는 도화 어여쁘니 요절을 꿈꾸던 내 청춘이 갔음을 아네"라고 아예 노골적으로 '색'을 탐했는데도, 이때부터는 오히려 이런저런 비판들이 모두 가라앉았다. 비로소 그네의 맑은 진정성과 자연을 닮은 건강한 여성성이 그들과 소통을 이루어낸 것이었을까.

그네는 운문사에 기거하는 둘째 손윗누이 영덕 스님이 다리를 놓아 여러 사찰의 스님들과 연을 맺었는데, 해인사는 친정집처럼 편하고 오히려 누이가 있는 운문사는 시댁처럼 조심스럽다고 웃으며 말했다. 운문사의 학장스님은 첫 시집을 바치자 금반지 하나를 내주며 "언제 절에 들어올 거냐?"고 진지하게 물었고 누이도 잊을 만하면 가끔 "빨리 들어오라"고 한다는데, 그네는 속가에서 사는 게 아직은 더 만족스러운 듯하다. 이제 불혹을 넘어섰으니 아직 푸릇한 외모와는 달리 그네도 이제 중년에 접어드는 건 부인할 수 없지만 사는 건 여전히 청춘이다. 예전에 비해 많이 유연해지긴 했어도 여전히 결혼은 생각이 없고 "가장 자유로운 상태에서 사랑하며 사는 것"이 최선이라고 했다. 아무려면 어떤가, '직립의 슬픔'만으로도 버거운 한 생인 것을.

"이상하다 이 길은/어느 곳에서 바라봐도 구부러져 있다//길을 따라 내 몸도 구부러져/두 다리에서 네 발로/온몸으로 길 위에 눕게 되었는데//아름다운 비늘, 날랜 짐승 하나가/내 허리를 감치며 수풀로 사라지고//꿈이었을까/직립하던 슬픔은//스물아홉에 출가한 불혹의 누이가/내 전신을 스치며/동안거 든다" 〈도솔암 가는 길〉

대관령 옛길

폭설주의보 내린 정초에

대관령 옛길을 오른다

기억의 단층들이 피워올리는

각양각색의 얼음꽃

소나무 가지에서 꽃숭어리 뭉텅 베어

입 속에 털어넣는다, 화주火酒—

싸하게 김이 오르고

허파꽈리 익어가는지 숨 멎는다 천천히

뜨거워지는 목구멍 위장 쓸개

십이지장에 고여 있던 눈물이 울컹 올라온다

지독히 뜨거워진다는 건

빙점에 도달하고 있다는 것

붉게 언 산수유 열매 하나

발등에 툭, 떨어진다

때로 환장할 무언가 그리워져

정말 사랑했는지 의심스러워질 적이면

빙화의 대관령 옛길, 아무도

오르려 하지 않는 나의 길을 걷는다

겨울 자작나무 뜨거운 줄기에

맨 처음인 것처럼 가만 입술을 대고

속삭인다, 너도 갈 거니?

단숨에 넘겨버린 이과두주 한 잔

어쩌면 조금은 이해할 수 있을 것 같았다

돌아나오는 길

다시는 뒤돌아보지 않으리라

김선우

1970년 강원도 강릉에서 출생하여 강원대학교 국어교육과를 졸업했다. 1996년 《창작과비평》 겨울호에 〈대관령 옛길〉 등을 발표하면서 작품활동을 시작했다. 시집으로 《내 혀가 입 속에 갇혀 있길 거부한다면》《도화 아래 잠들다》《내 몸속에 잠든 이 누구신가》, 장편소설 《나는 춤이다》, 산문집 《물 밑에 달이 열릴 때》, 《김선우의 사물들》《내 입에 들어온 설탕 같은 키스들》, 《우리 말고 또 누가 이 밥그릇에 누웠을까》 등이 있다. 제49회 현대문학상을 수상했으며, 현재 《시힘》 동인으로 활동하고 있다.

영원한 시인
/
이성복 〈슬퍼할 수 없는 것〉

머리도 심장도 아닌 온몸을 던져
시를 쓰는 길 끝에서 꼭 만나야 할 사람

가장 사랑받는 시인 가운데 한 명 길을 떠난 지 한 해가 되었다. 만나고 싶은 이들을 두서없이 찾아다녔다. 길 위에서 여러 시인을 만났고 좋은 시들을 읽었다. 이제 그 끝에 이른 것인데, 더 만나야 할 시인은 하염없지만 그래도 그 길 끝에서 꼭 만나야 할 것 같은 '무거운' 이가 이성복 시인이었다. 이성복 시인을 두고 무겁다고 한 것은 《시인세계》에서 국내 시인들을 대상으로 가장 좋아하는 시인을 꼽는 설문조사(2005년)를 한 결과 서정주, 정지용, 백석, 김수영에 이어 생존 시인으로는 유일하게 그이가 꼽힌 게 상징적인 이유다. 설문조사야 그때그때 사회문화적인 조건이나 문항 설계에 따라 달라지는 것이니 그리 믿을 만한 게 아니라 쳐도, 한국 현대시를 거론할 때마다 비평가나 시인들까지 늘 빼놓지 않고 그이를 거론해온 마당이다. 그러나 정작 '생존 시인' 이성복에게 이런 사랑과 찬사는 내내, 굴레였던 것 같다.

"누이가 듣는 音樂 속으로 늦게 들어오는 男子가 보였다 나는 그게 싫었다 내 音樂은 죽음 이상으로 침침해서 발이 빠져나가지 못하도록 蘭草 돋아나는데, 그 男子는 누구일까 누이의 戀愛는 아름다워도 될까 의심하는 가운데 잠이 들었다// 牧丹이 시드는 가운

데 地下의 잠, 韓半島가 소심한 물살에 시달리다가 흘러들었다 伐木
당한 女子의 반복되는 臨終, 病을 돌보던 靑春이 그때마다 나를 흔
들어 깨워도 가난한 몸은 고결하였고 그래서 죽은 체했다 잠자는
동안 내 祖國의 신체를 지키는 者는 누구인가 日本인가, 日蝕인가 나
의 헤픈 입에서 욕이 나왔다 누이의 戀愛는 아름다워도 될까 파리
가 잉잉거리는 하숙집의 아침에" 〈정든 유곽에서〉 부분

서울대 불문과 4학년 시절, 이성복의 스승이었던 작고 평론가 김현이《문학과지성》에 추천해 〈정든 유곽에서〉로 등단한 이래 그는 첫 시집《뒹구는 돌은 언제 잠 깨는가》를 내면서 1980년대 시단에 분명한 지분을 확보한 시인으로 각광받았다. 80년대 시인들은 대부분 '미학'과 '구호' 사이에서 갈등하면서 방황했음에도 다수는 관념보다는 현실을 선택할 수밖에 없었던 폭압적인 조건에 놓여 있었다. 이성복은 이 조건 속에서 드물게 현실을 '유곽'의 무대로 세팅하는 인문적 은유로 나아갔고, 그리하여 그 시대를 지나서도 생존할 수 있는 문학의 생명을 얻었다. 그는 그 시절 '유곽'이야말로 한 사회의 정신적 병증을 가장 예민하게 포착할 수 있는 '세트'였다고 말했다.

세세 영원토록 괴로워하는 사람

대구시 황금동, 그의 집필실이 있는 빌라 앞 슈퍼에서 만나 인근 야산으로 향했다. 참나

무들이 마를 대로 말라 바스락거리는 산길에서 하오의 석양에 짙은 음영으로 빛나는 그이가 카메라 앞에서 포즈를 취했다. 셔터를 누를 때마다 파인더 속의 그이는 거의 완벽했다. 이순을 목전에 둔 나이답지 않게 젊고 예민한 표정이다. 그는 사진을 찍히면서 아들의 평가를 빌어 자신이 '섬세하고, 열정적이고, 어린애 같고, 못 참고(좋은 거든 나쁜 것이든), 잘 삐지는' 5가지 기질을 지니고 있다고 말했다. 그 말을 듣고 그이가 어설픈 질문을 못 참거나 삐질까봐 미리 두려웠다.

  촬영을 마치고 내려와 그의 집필실 연립주택 2층의 문을 열고 들어서면서부터는 설치미술의 향연이었다. 시인의 작업실 치고는 초라한 날림집 외관이어서 그다지 기대하지 않았는데, 문을 열고 들어서는 순간부터 산스크리트어로 장식한 경구에서부터 시인이 산책을 나갔다가 무심히 주워왔다고 주장하는 다양한 폐품들이 산과 새와 성채로 변신해 좁은 거실을 우아하게 장식하고 있다. 그이는 자신이 '설치미술가'로 거듭났다면 성공했을 거라고 웃으면서 말했다.

  유난히 추위와 더위를 많이 탄다는 그이의 겨울 집필방과 여름 집필방이 그 좁은 연립의 집필실에 따로 있었다. 주로 경리를 담당하며 가게를 꾸렸던 아버지가 물려준 '주판'이 책상머리에 놓인 여름방과, 그 방에서 언젠가 돈황 여행을 떠났다가 사 온 위구르족 무덤을 지키는 두상을 설명하다가, 드디어 차분하게 이야기를 나

영원한 시인

눌 좁은 겨울 방으로 들어섰다. 전기장판이 따뜻했고 공기도 안온했다.

"비 오는 날 우산 받쳐들고 산에 오르면/ 산은 흘러내리는 빗물 제 혀로 핥고 있다/ 그리움이나 슬픔 그런 빗나간 느낌도 없이/ 산은 괴로움에 허리 적시며 젖고 있다/ 죽어가며 입가에 묻은 피를 제 혓바닥으로/ 핥는 짐승처럼, 그 산 내려오다 뒤돌아보면/ 산은 제 괴로움에 황홀히 피어나고 있다/ 오직 스스로를 항복받지 못했기에, 세세 영원토록 제 괴로움 홀로 누리는 산"〈죽어가며 입가에 묻은 피를〉

그가 그 겨울방에서 나눈 이야기를 요약하자면 이 시로 대변할 수 있을 것 같다. '오직 스스로를 항복받지 못했기'에 세세 영원토록' 괴로워하는 사람. 그는 젊은 시절에는 사회의 축도로 '유곽'을 상정했지만, 지금 그 유곽이란 바로 생 그 자체라고 했다.

경북 상주에서 2남3녀 중 둘째로 태어났는데, 그는 초등학교 5학년 때 서울로 가서 공부할 것이라고 집안에 선언을 한 뒤 단식까지 불사하여 상경한 뒤, 경기고등학교에 들어가 정치로 나아가 출세할 거라고 야심을 세웠다. 그가 서울로 오자 누이와 부모까지 줄줄이 상주에서 서울로 거처를 옮긴 것인데, 지금은 그이 혼자 다시 대구에 내려와 살고 있는 형국이다.

서울에 올라간 그의 야심이 어쩌다 '출세'를 비켜나 철학으로, 다시 문학으로 불붙어버렸고, 서울대 불문과에 들어가 교수이자 평론가인 김현의 눈에 띄어 문운으로만 따지자면 승승장구, 엘리트

코스를 걸어온 거다. 적어도 겉으로 보기엔 굴곡이 없었던 듯하다. 그런 것 같다고 물었더니 그는 "돌아보면 순간순간 육체적으로나 심리적 혹은 사회적으로 위험할 때가 아주 많았다"면서 "조금만 어쨌으면 낙인찍히거나 물에 빠져 죽었거나 했을 고비들이 있었는데 잘 지나갔을 뿐이다"고 다소 과격하게 답했다.

"나는 세월이란 말만 들으면 가슴이 아프다/ 나는 곱게곱게 자라왔고 몇 개의 돌부리 같은/ 사건들을 제외하면 아무 일도 없었다 중학교/ 고등학교 그 어려운 수업시대, 욕정과 영웅심과/ 부끄러움도 쉽게 풍화했다 잊어버릴 것도 없는데/ 세월은 안개처럼, 취기처럼 올라온다" 〈세월에 대하여〉 부분

시작은 '온몸'으로 밀고 나가는 것이다

지금 그에게 가장 중요한 것은 문학보다도 문학에 임하는 '태도' 같다. 그는 자신의 가장 큰 스승으로 김수영을 꼽았다. 그러나 정작 김수영의 문학보다도 그가 문학을 대했던 태도를 이성복은 더 높이 사고 있다. 그는 김수영의 산문 중 자신의 시작을 경종하는 문구를 따로 타이핑하여 비닐로 코팅해서 책상머리에 늘 회초리처럼 놓아두고 있었다. 그 회초리의 문구들.

"시작詩作은 '머리'로 하는 것이 아니고 '심장'으로 하는 것이 아니고 '몸'으로 하는 것이다. '온몸'으로 밀고 나가는 것이다. 시를 쓴다

는 것이 무엇인지를 알게 되면 다음 시를 못 쓰게 된다……."
 이런 문구들을 모두 아우르는, 이성복이 선택한 김수영의 마지막 문구는 '우리는 아직도 문학 이전에 있다'는 것이었다. 그는 우리가 문학을 향한 절대적인 순교의 자세를 지향해야 한다고 인터

뷰 내내 강조했던 것 같다. 우리가 지금 구사하는 문학이란, '문학 이전의 문학'에 불과하다는 외침이었다.

그는 스스로 절대 자신이 이루어놓은 문학에 항복하지 못하는 불행한 존재였다. 한 번도 행복해질 수 없는, 그에게 문학의 세례란 저주받은 행복인 셈이다. 그는 말미에 시보다는 산이, 도저한 에세이에 서사를 잠시 얹는 그런 문장에 최근 빠져들었노라고 고백했다. 그가 겨울방에서 보여준 미발표 서사를 얼핏 보니 그의 자의식이 선명하게 잡힌다.

그의 진술에 따르면 지난 삼십 년의 허송세월은 "나는 시가 싫어요" 하고 광고하고 다니는 글쓰기의 연속이었다. 비록 이 또한 과장된 표현임이 틀림없지만 문제는 시가 싫다는 자기 과시행위의 빌미로 씌어졌다는 사실이다. 실제로 그가 쓴 대부분의 산문은 "나는 왜 시를 쓰지 못했는가"라는 물음의 변주로 이루어졌으며 무능력을 미화시키는 데서 은밀한 기쁨을 맛보았다.

"마라, 네 눈 속에 내가 뛴다/ 내 다리를 묶어다오/ 내 부리가 네 눈 마구 파먹어도/ 난 그러고 싶지 않아, 마라/ 안간힘으로 벌려다오/ 갑각류의 연한 내장을 찢는/ 맹금류의 내 부리를/ 내 몸 전체가 독이라면,/ 내 몸 전체가 전갈류의 독주머니라면/ 넌 믿겠니, 나를 믿지 마라" 〈내 몸 전체가 독이라면〉

이성복은 슬퍼할 수도 없고 슬퍼할 수조차 없는 상황을, 풍뎅이가 한 번 엎어지면 오만 발버둥을 쳐도 일어나지 못하는,《닥터 지

바고》라는 영화에서 오마 샤리프가 눈 속에서, 멀리 지나가는 사랑하는 가족들을 향해 입을 벌리되 한 마디도 발설할 수 없는, 입이 있어도 입이 소용없는 가엾은 것들의 슬픔에 대해 그날, 대구의 밤에, 내내 말했던 것 같다. 그는 근년 가장 애착이 가는 자신의 시는 〈슬퍼할 수 없는 것〉이라고 했다.

"지금 바라보는 먼 산에 눈이 쌓여 있다는 것/ 지금 바라보는 먼 산에 가지 못하리라는 것/ 굳이 못 갈 것도 없지만 끝내 못 가리라는 것/ 나 없이 눈은 녹고 나 없이 봄은 오리라는 것/ 슬퍼할 수 없는 것, 슬퍼할 수조차 없는 것" 〈슬퍼할 수 없는 것〉

슬퍼할 수 없는 것

지금 바라보는 먼 산에 눈이 쌓여 있다는 것
지금 바라보는 먼 산에 가지 못하리라는 것
굳이 못 갈 것도 없지만 끝내 못 가리라는 것
나 없이 눈은 녹고 나 없이 봄은 오리라는 것
슬퍼할 수 없는 것, 슬퍼할 수조차 없는 것

이성복

1952년 경북 상주에서 출생했으며 서울대 및 동대학원 불문과를 졸업했다. 1977년 《문학과지성》에 〈정든 유곽에서〉를 발표하며 등단했으며, 김수영문학상, 소월시문학상, 대산문학상, 현대문학상을 수상했다. 시집으로 《뒹구는 돌은 언제 잠깨는가》《남해금산》《그 여름의 끝》《호랑가시나무의 기억》《아, 입이 없는 것들》, 산문집 《내 고통은 나뭇잎 하나 푸르게 하지 못한다》《나는 왜 비에 젖은 석류 꽃잎에 대해 아무 말도 못 했는가》《프루스트와 지드에서의 사랑이라는 환상》, 사진 에세이 《오름 오르다》《타오르는 물》이 있다.

시인에게 길을 묻다

한국어판 ⓒ 섬앤섬 출판사, 2011

지은이 조용호 | **발행인** 김현주 | **편집장** 한예솔 | **디자인** 김미성

등록 2008년 12월 1일 제 396 - 2008 - 00090호
주소 (410 - 909) 경기도 고양시 일산동구 백석동 1318번지 비잔티움 오피스텔 1단지 1016호
주문 및 문의 전화 070 - 7763 - 7200 **팩스** 031 - 907 - 9420

2011년 12월 1일 박은 책(초판 제1쇄)

이 책은 저작권법에 따라 보호받는 저작물이므로 무단 전재와 복제를 금하며,
이 책 내용의 전부 또는 일부를 이용하려면 반드시 저작권자와 섬앤섬 출판사의
서면 동의를 받아야 합니다.

ISBN 978-89-962665-9-4 03810

* 값은 뒤표지에 있습니다. 잘못 만든 책은 교환해드립니다.